El huérfano que creció e hizo crecer a su pueblo

ALEJANDRO ARDILES CAJA

El huérfano que creció e hizo crecer a su pueblo

ALEJANDRO ARDILES CAJA
1918-2018

Julia Ardiles de Espinoza

DEDICATORIA

*Dedico este libro con infinito amor a mis tres maravillosos hijos: Dianna, Karina y Pedro David, por haber sido mis alumnos más exigentes y al mismo tiempo, mis mejores maestros durante la ejecución de esta obra.
Y a toda persona que lo lea con el anhelo de que le inspire a cumplir sus sueños.*

 **100% de los ingresos del libro van para panperu.org**

Pan Perú es una 501(c)3 organización sin fines de lucro con la misión de empoderar a los niños a través de la lectura, capacitar a las mujeres para que sean emprendedoras, y mejorar el medio ambiente a través de programas de reforestación en los Andes. Pan Perú ha construido 9 bibliotecas en las zonas más pobres del Perú, beneficiando a más de 5,000 niños a nivel nacional.

www.panperu.org

AGRADECIMIENTOS

Agradezco a Dios por sobre todas las cosas por haber hecho posible la realización de esta obra.

Y a mi esposo, Pedro Espinoza Orihuela, por darme las tres más grandes bendiciones de mi vida: mis hijos.

A mi madre, Victoria Fortunata, por sus oraciones.

A mis nueve entrañables hermanos, Marcela, Ángel, Elena, Alex, Bernabé, Edith, David, César y Carlos, por su apoyo incondicional y sus aportes con sus vivencias y testimonios.

A Martín Lúcar Figueroa, Reynaldo Trinidad, Hugo Aguilar, Lucio Cevallos, a mis tíos, primos, sobrinos y a todos los que han colaborado de una manera u otra en hacer realidad este libro.

ÍNDICE

MENSAJE DE LA AUTORA — 16

01 Entre el mar y el cielo — 17
- EL NIÑO QUE SE CONVIRTIÓ EN EL HOMBRE DE LA CASA
- ADOLESCENCIA DIFÍCIL
- EN LA BOCA ESTÁ LA VIDA Y LA MUERTE
- A LA CONQUISTA DE LIMA
- EL ÉXITO DEPENDE DEL TRABAJO ARDUO, NO DE RECIBIR DÁDIVAS
- EL QUE AMA TRIUNFAR AMA EL DEPORTE
- DIOS ACTÚA CUANDO EL HOMBRE YA NO PUEDE

02 Todos vuelven a la tierra en que nacieron — 35
- EMPRESARIO EMPRENDEDOR
- LA VIDA SE CONVIERTE EN UNA UNIVERSIDAD CUANDO NOS CRUZAMOS CON UN GRAN MAESTRO
- ENAMORAMIENTO Y MATRIMONIO
- ¿QUÉ HACER CUANDO SE PIERDE A UN SER QUERIDO?
- LOS CAMPEONES COMIENZAN DONDE ESTÁN Y CON LO QUE TIENEN

03 Hay un empresario dormido en el alma de todos — 45
- HAY UN EMPRESARIO DORMIDO EN EL ALMA DE TODOS
- FUE UN HERMANO SOLIDARIO
- EL LÍDER ROMPE ESQUEMAS
- LAS CABRITAS DEL RICO FEROZ
- TRABAJADOR FÉRREO
- LA HONRADEZ FUE SU MEJOR FORTUNA
- TUVO UN CARÁCTER DE ROCA

- FUE TRABAJADOR Y PERSEVERANTE
- FUE UN GRAN ORADOR
- FUE MUY INTELIGENTE
- FUE BAILARÍN
- EL HUÉRFANO QUE CRECIÓ E HIZO CRECER A SU PUEBLO
- EXPANDE SUS DOMINIOS

04 Como creció he hizo crecer a su pueblo — 63
- UNA VISIÓN EN MENTE
- PIONERO EN TRABAJAR CON FERTILIZANTES E INSECTICIDAS
- LAS VACAS ENCORBATADAS DE DON ALEJANDRO
- ERA MUY MADRUGADOR
- ERA UN BUEN TASADOR
- CONTROLABA TODO
- CONVERTÍA CADA RETO EN UNA OPORTUNIDAD PARA CRECER
- QUILLCÁN, PARAÍSO TERRENAL
- CAZADOR DE PUNTA FINA
- NOCHES INOLVIDABLES EN QUILLCÁN
- CINCO HUACHACAZOS
- UN HOMBRE FUERA DE SERIE
- PAPAS CON VITAMINAS A, B, C, D... HASTA LA Z

05 Intervino en la política para servir y sin percibir honorarios — 81
- GOBERNADOR DE PAMPAS
- DON ALICHO A LA ALCALDÍA
- SU OBRA CUMBRE
- PROMOVIÓ EL DEPORTE EN PAMPAS

06 Una vida espiritual vigorosa, una familia unida y feliz — 91
- SU ESPOSA, SU AYUDA IDÓNEA
- LA EDUCACIÓN: LA MEJOR HERENCIA PARA LOS HIJOS
- CÓMO UNIÓ FÉRREAMENTE A SU FAMILIA
- ¡PERÚ CAMPEÓN!

07 Consejos sobre como ser un buen padre   101
- AMOR CON FIRMEZA
- PAPÁ PRESENTE, ALUMNO EXCELENTE
- CUIDABA LA AUTOESTIMA DE SUS HIJOS
- DABA AFECTO Y SEGURIDAD A LOS HIJOS
- ERA UN GRAN MOTIVADOR DE SUS HIJOS
- QUÉ HACÍA CUANDO SACAN MALAS NOTAS SUS HIJOS
- ¡CELEBRABA LOS LOGROS DE SUS HIJOS!
- ¡BÉSENSE! ¡ABRÁCENSE!
- QUÉ HACÍA FRENTE A LOS BERRINCHES
- ENSEÑABA A LOS HIJOS A SER RESPONSABLES
- EVITABA DECIRLES "NO" A SUS HIJOS
- PROCLAMABA POR FE LO BUENO
- DOSIFICABA A SUS HIJOS EL USO DE APARATOS DE CONTACTO VISUAL
- LE DABA UN TIEMPO PARA CADA HIJO
- ENSEÑÓ A SUS HIJOS A NUNCA RENDIRSE
- INFUNDÍA CONFIANZA EN SÍ MISMOS A SUS HIJOS
- ERA SABIO PARA CORREGIR
- NUNCA MENTÍA A SUS HIJOS
- HAY QUE DARLE GUSTO AL NIÑO

08 Fue un ciudadano ejemplar   123
- ERA MUY SERVICIAL
- CORREGÍA SIN PELOS EN LA LENGUA
- DABA DESAYUNO A LOS HUÉRFANOS
- PROMOVIÓ LA SOLIDARIDAD EN EL TERREMOTO DE 1970
- SALIÓ EN LA TELEVISIÓN Y PORTADA DE UN PERIÓDICO DE PERÚ PIDIENDO AYUDA PARA SU PUEBLO
- LLEVÓ ADELANTOS TECNOLÓGICOS A PAMPAS GRANDE
- CAPACITÓ A LOS AGRICULTORES DE SU PUEBLO
- HERMANÓ A DOS PUEBLOS EN PUGNA

- DISCURSO CÉLEBRE
- PROMOVIÓ EL AMOR POR LA TIERRA QUE LO VIO NACER
- PROMOVIÓ LA CONSTRUCCIÓN DE LA CARRETERA ENTRE PAMPAS Y LIMA

09 El último adios   139
- EL ÚLTIMO ADIÓS
- PANEGÍRICO FÚNEBRE A DON ALEJANDRO EL DÍA DE SU PARTIDA. MARZO 12-2009

10 El enorme legado de Alejandro Ardiles Caja   142
- EL LEGADO DE AAC

ANEXOS

Árbol genealógico de la familia Ardiles Aniceto   146

Testimonio de sus hijos   150

Testimonio de familiares y amigos   160

Anécdotas   164

Apartado fotográfico   168

PRÓLOGO

Leer el libro El huérfano que creció e hizo crecer a su pueblo, Alejandro Ardiles Caja, contada en forma tan ágil y amena por una de sus hijas, con la inclusión de emotivos testimonios de personas que conocieron a don Alejandro Ardiles de muy cerca, es como hallar un refrescante oasis en medio de la sequedad deprimente de un desierto. Lo creo así porque en un mundo y una época en los que imperan la corrupción, el egoísmo y el irrespeto al prójimo es alentador e inspirador conocer las luchas, las victorias y el inmenso aporte de un hombre luchador que impactó y bendijo las vidas de muchos.

Cuando leer los grandes titulares de los diarios, escuchar las noticias por la radio o ver las imágenes de lo que sucede en nuestra ciudad, en nuestro país y en el mundo, es de lo más deprimente y nos vuelve más y más pesimistas en cuanto al futuro, la esperanza vuelve a nuestro corazón al conocer la vida de Alejandro Ardiles Caja. Nos hace pensar que si esto pudo pasar en la vida de un humilde hijo de un distrito llamado Pampas Grande —"un balcón suspendido entre el mar y el cielo", de la provincia de Huaraz, a casi 3,700 metros de altura en la Cordillera de los Andes—, lo mismo podría pasar con muchos otros peruanos y peruanas que se decidan a vivir para cumplir los propósitos de Dios en sus vidas.

Una de las grandes lecciones que nos deja "Alicho", el protagonista de esta historia, es que el hecho de haber nacido en un hogar humilde, haber perdido a su padre a los nueve años de edad, haber sufrido la humillación de tener que volver al hogar de sus abuelos para trabajar como sirviente por un plato de "sopa aguachenta con cancha", confinado al área de servicio de la casa a pesar de ser nieto legítimo, para luego trabajar como esclavo en un "chifa" de mala muerte, sin paga ni propinas, solo para sobrevivir, no fueron razones suficientes para que el resentimiento o la amargura envenenaran su corazón y terminara, como tantos, convertido en un resentido social o un delincuente.

Tampoco dejó que la discriminación y el menosprecio recibidos anularan sus sueños y sus anhelos más profundos. No sucumbió a la autocompasión ni a la baja autoestima, sino que se sobrepuso a todas esas contingencias y triunfó en la vida en todo sentido, tal como el apóstol Juan escribió a su gran amigo Gayo: "...yo deseo que tú seas prospero en todas las cosas, y que tengas salud, así como prospera tu alma".

Y esto nos lleva a la otra gran lección que veo en esta hermosa historia de la vida real: que el éxito en la vida va mucho más allá de lo simplemente económico. Tiene que ver con vivir con fe, con amor y temor de Dios, lo que nos lleva a vivir con dignidad, con valores, con amor y respeto al prójimo y, finalmente, con propósito; y así "trascender y dejar un legado". Este es el anhelo expresado por la autora para sus lectores y el mío también, ahora que termino el prólogo de este libro. Este deseo es el que me permite recomendar altamente su lectura.

Pastor Humberto Lay

MENSAJE DE LA AUTORA

Esta obra se basa en la vida de Alejandro Ardiles Caja, "Alicho", y anhela que el lector perciba el poder infinito de Dios, quien es fiel con los que lo aman y obedecen. Alejandro Ardiles Caja fue uno de esos luchadores incansables por el progreso de su pueblo y de su familia. A lo largo de su vida se enfrentó a muchas dificultades y, si bien parecía que estaba destinado al fracaso o a ser uno más del montón, él se sobrepuso a las circunstancias difíciles que le tocó vivir. De todas ellas siempre salió airoso.

¿Cuál era su secreto? En su vida diaria puso en práctica lo que Dios demanda de la humanidad: defendía la justicia, compartía el pan con el necesitado, recibía en su casa al forastero, ayudaba a los afligidos, era un padre ejemplar y tenía un amor profundo por su pueblo. Por eso Dios lo premió, tal como lo promete en las Sagradas Escrituras:

> "Haré brillar su luz como el amanecer, sanaré sus heridas, daré vigor a sus huesos, serán como un jardín bien regado con una corriente de agua, los haré gobernantes del país"
> -Isaías 37:6

Alejandro vivió y creció en medio del infortunio. Fue huérfano, de escasos recursos, de precaria instrucción, campesino y relegado. Sin embargo, llegó a ser la máxima autoridad en su pueblo, el mejor agricultor y ganadero de Pampas Grande, pionero, líder, visionario, innovador, deportista, cabeza de una familia unida y feliz, muy amado y respetado por quienes lo conocieron. Su frase recurrente era: "¡Con Dios!".

Estas páginas buscan que los lectores se inspiren en la vida de don Alejandro para cumplir sus propios sueños y así trascender y dejar un legado.

Con mucho amor,

Julia Ardiles de Espinoza

Pampas Grande antes del Terremoto de 1970. A la derecha, el Colegio San Jerónimo recien inaugurado, 1965.

01

ENTRE EL MAR Y EL CIELO

Había una vez un hombre llamado Alejandro Ardiles Caja. Los adultos lo llamaban "don Alicho" y los niños le decían "tío Alicho". Nació en el distrito de Pampas Grande (provincia de Huaraz, departamento de Ancash, Perú), el 3 de mayo de 1918. Era el primogénito de don Bernabé Ardiles Robles y doña Elena Caja Dyer, de ascendencia alemana.

Pampas Grande era conocido como el "balcón suspendido entre el mar y el cielo", por su peculiar configuración geográfica y ubicación estratégica. Estaba en medio de montañas aparentemente inalcanzables, donde volaban los cóndores, los gavilanes, los gorriones y las mariposas. Se podía contemplar al mismo tiempo los nevados más altos del Perú (el Huascarán, de blancura sin igual, y el Huandoy) y, en los atardeceres, la más impresionante puesta del sol en el mar, como si se estuviese sentado en un balcón sideral. En las noches casi podía tocarse el cielo colmado de estrellas.

Pampas Grande era un pueblo hermoso con calles empinadas y empedradas, una majestuosa iglesia colonial con dos campanas gigantescas y casas de adobes techadas con tejas rojas, con elevadas chimeneas que expelían el humo de las cocinas con leña, donde cada mañana se escuchaba el canto de los gallos con su quiquiriquí y el trinar de las pichisancas.

El nacimiento de Alejandro causó malestar en la familia Ardiles, porque sus padres no aprobaban a doña Elena. Ella era madre soltera del pequeño Gregorio, fruto de su primer amor. Los Ardiles de ese entonces se creían superiores, por ser de tez blanca, ojos azules o verdes, y porque eran dueños del fundo Quillcán (palabra quechua que significa "donde hay plata"), ubicado a dos horas y media de Pampas. Sus casas eran ostentosas y tenían incluso jardines colgantes. Sus mesas lucían cubiertas por largos manteles de lino. Solo usaban vajilla de loza y porcelana china. Sus múltiples criados los atendían con reverencia. Las señoras usaban finos perfumes franceses y jamás pasaban desapercibidas. Recibían visitas exclusivas, solo del clero o de autoridades máximas.

Por ese motivo se sintieron muy ofendidos por el "mal paso" que había dado Bernabé al enamorarse de Elena, a quien veían con desprecio, a pesar de que era muy buenamoza, trabajadora y de buen carácter.

Como los padres de Bernabé rechazaron su matrimonio con Elena, la pareja fue acogida en casa del tío Juan Ardiles Robles y doña Paciencia Dextre, quienes tenían un hijo también llamado Juan. Así, el pequeño Alejandro iniciaría una relación fraternal con su primo hermano, casi de su misma edad, a quien llamaba cariñosamente Juanchuco. Serían familiares y amigos inseparables hasta la vejez.

A pesar de estas circunstancias, el pequeño Alejandro tuvo una infancia feliz junto a sus hermanitas Laura y Antonieta. Era un niño travieso, lleno de vida. Con sus mejillas sonrosadas y su cabello castaño al viento, acostumbraba salir a las laderas de Quillcán a corretear con sus primos. Jugaban a las escondidas, a la pelota, al trompo y a todo lo que se les ocurría, con sus primos Ardiles, hijos de los ocho hermanos de su papá que vivían en el fundo.

Cada día se acostaban cuando desaparecía el sol y se levantaban al canto del gallo. Tenían que hacer todo durante el día. Por las noches, solo los candiles o chiuchis a kerosene iluminaban el ambiente, imitando a las estrellas del cielo. En las noches sin luna, la oscuridad era absoluta. En esos casos, Alejandro cogía con sus pequeñas manos una vela para alumbrarse y poder caminar un rato más.

Espectacular puesta del sol observada desde Pampas Grande (balcón suspendido entre la mar y el cielo). Abajo las nubes cubren el mar y Pariacoto; sobresalen los picos Bom Bom.

El lugar donde creció era completamente bucólico. Solo existían la flora, la fauna, los sembríos, las crianzas y las montañas. La carretera, los vehículos motorizados, el agua y desagüe, la electricidad, la radio, el internet, la televisión o el teléfono no existían ni en sueños.

Los pampasgrandinos gozaban de un clima benigno. Hacía frío helado en las mañanas y las noches, pero también calor intenso durante el día. Se sabe que las bacterias mueren con el calor y se congelan con el frío. Eso sucedía en Pampas Grande, donde siempre se cumplía el dicho: "Donde entra el sol, no entra el médico".

El correo solo llegaba por postillones o arrieros, que llevaban de pueblo en pueblo las cartas a pie limpio y las encomiendas sobre un burro. Demoraban tanto que las personas enfermas recibían las noticias cuando ya se había sanado o se habían muerto.

Alejandro estudió desde los seis años en la Escuela de Varones 335 de Pampas Grande. En aquella época, los profesores se presentaban vestidos con elegancia, en terno y corbata, incluso con chalecos y leontinas de oro. Cada mañana formaban a los alumnos bajo estrictas normas de urbanidad, disciplina e higiene. Los estudiantes debían vestir el uniforme comando militar, con cristina y corbata. Bien erguidos, los obligaban a formarse diariamente antes de empezar la jornada escolar. La enseñanza era tan buena que se aprendía en un año lo que ahora en tres. La escuela forjaba a los niños enseñándoles valores, empezando por el respeto al prójimo y el amor a la patria. Los aprendizajes se reflejaban cada día incluso cuando saludaban: "¡Buenos días!", "¡Buenas tardes!". Era una época dorada, sin duda. Y lo sería más para Alejandro Ardiles, pues no sabía lo que pronto le ocurriría.

Escuela de varones N° 335 de Pampas Grande donde estudió don Alejandro.

EL NIÑO QUE SE CONVIRTIÓ EN EL HOMBRE DE LA CASA

La vida de Alejandro Ardiles cambió repentinamente cuando murió su padre, don Bernabé, a causa de un cólico fatal. Dejó huérfanos a Alejandro, de 9 años; a Laura, de 6; y a Antonieta, de 1 año.

Con lágrimas en los ojos y con mucha responsabilidad, el pequeño Alejandro tuvo que asumir el papel de hombre de la casa a su corta edad. Su niñez fue muy dura por el rechazo de su familia paterna, que no tuvo compasión de los tres pequeños huérfanos. Debido a su carencia de recursos, Alejandro tuvo que dejar los estudios tras culminar el tercero de primaria. Empezó, entonces, a trabajar con ahínco, esforzándose lo más que podía para ayudar a su madre y sus hermanas.

El caso era que Alejandro, Laura y Antuca eran vistos como los "patitos feos" de la familia Ardiles, y, por ese motivo, doña Elena, su madre, decidió emigrar —con todos sus niños— a su pueblo natal, Succha, en la provincia de Aija. Fue una travesía dura y retadora. Tuvieron que remontar solos la puna gélida, solitaria y peligrosa, con riesgo de toparse con pishtacos, bandidos o abigeos que robaban animales y hasta degollaban a sus víctimas. Para enfrentar ese miedo, **Alejandro juntaba las manos y rezaba** en los momentos que creía avizorar un pishtaco. Dios lo oyó y llegaron a Succha sanos y salvos. Lamentablemente, doña Elena fue rechazada por el mismo motivo. Solo encontraron refugio y ayuda para Gregorio, su hermano materno, quien se quedó con su tío Jacobo Fernández Caja y luego sería trasladado a Huarmey a vivir con él.

Doña Elena y sus tres menores hijos debieron volver a cruzar las montañas, agobiados por el miedo y la escasez de vituallas. Al llegar a Pampas Grande fueron recibidos por la familia Ardiles como criados y sin ninguna consideración. Solo les dieron de comer una sopa aguachenta con cancha. Jamás les permitieron ingresar a las salas de sus casas.

Las campanas de la Iglesia de Pampas Grande repicaban a diario en época escolar.

ADOLESCENCIA DIFÍCIL

En esas penosas circunstancias, apareció en Pampas Grande un parlanchín inmigrante chino, quien daría un gran giro a la vida de nuestro protagonista. Venía del puerto de Huarmey, donde, según él, todo era prosperidad y holgura. Le hizo mil promesas a doña Elena para que le permitiera llevarse a su hijo a trabajar como monaguillo o asistente de sacerdote. Le ofreció el oro y el moro para su aprobación. Finalmente, la madre, armándose de valor, lo bendijo y se desprendió de él, rogando a Dios por su bienestar.

El chino la engañó. Apenas Alejandro pisó Huarmey se convirtió en su "chulillo" o ayudante de última categoría. El chino lo forzó a trabajar en un chifa de mala muerte y le puso por sobrenombre el "Regalado".

Aquel personaje lo hacía trabajar en mil oficios, desde cargar latas de agua sobre sus hombros, hasta llevar carbón, además de pelar papas, matar patos o cuyes, lavar platos, zurcir ropas, limpiar pisos, planchar, cocinar, lustrar zapatos o atender a los comensales. Alejandro hacía todo eso sin recibir paga, ni siquiera propinas, solo por un pequeño plato de comida y un lugar inhóspito para dormir.

—No seas miedoso, "Legalado". ¡Deja de llolar! —le gritaba el chino al verlo mirar de lejos al burro que se usaba para la recolección de basura—. ¡Bota todo eso y vuelve a trabajal!

El dolor suele ser un gran maestro para quienes están dispuestos a triunfar. Alejandro **confiaba en que Dios** lo seguía cuidando y, por eso, no dejaba de rezar juntando sus manitos y mirando al cielo. Fue así como, por milagro, conoció en Huarmey a don Emiliano Servat, un pariente lejano, cuñado de su tío Isaías Fournier, esposo de Alejandrina Ardiles.

El joven Alejandro admiraba a don Emiliano por ser un padre amoroso, que luchaba día a día por mantener unidos y felices a sus diez hijos, y al que siempre oía repetir que "la mejor herencia para los hijos es la educación". Años más tarde, don Emiliano construiría una casa en el distrito limeño de Miraflores y se iría a vivir allí con su familia. También observó Alejandro que don Emiliano era muy trabajador y que tenía dos fundos: uno de ganadería y otro de agricultura. Sembraba en gran escala y comercializaba sus productos en la capital.

Alejandro captó de él todo lo bueno que veía y escuchaba. Con el tiempo, don Emiliano se convirtió en su mentor.

El joven Alejandro vivió casi cuatro años en Huarmey, desempeñando diversas y arduas tareas. Un día, sin embargo, tuvo un grave accidente. Trataba de encender la cocina primus del chifa donde trabajaba y una violenta llamarada le saltó al rostro.

—¡Se quemó el serranito! ¡Se quemó el serranito! —gritaron todos arremolinándose a su alrededor.

Alejandro saltaba de dolor hasta que alguien ordenó:

—¡Que lo curen con aceite de lobo marino!

La receta fue milagrosa. Se recuperó sin cicatrices, aunque **él sabía que otro gran poder lo había ayudado a sanar: ¡el poder de Dios.**

Apenas recuperado, aprovechando la ayuda de su hermano mayor, Gregorio, se escapó a su tierra natal, Pampas Grande. A pesar de que esta etapa fue muy dura, los trabajos penosos le sirvieron para desarrollar sus habilidades y su temple. A temprana edad ya sabía hacer de todo, incluso nadar y jugar fulbito. Sin querer, el chino charlatán y explotador lo había preparado para la vida.

> "Y sabemos que a los que aman a Dios, todas las cosas les ayudan a bien"
> —El apóstol Pablo

EN LA BOCA ESTÁ LA VIDA Y LA MUERTE

Al retornar a Pampas Grande, encontró a su madre comprometida con un jornalero llamado Lorenzo Salas y con un hijito del mismo nombre. Lorenzo, de carácter estricto, lo ayudó con su ejemplo a desarrollar un temple de roca. A diario le arengaba, le brindaba consejos y enseñanzas que Alejandro siempre recordaría:

¡Levántate temprano y rápido!

¡Aquí no hay lugar para la flojera!

¡Anda, camina erguido!

¡Qué lluvia ni sol, qué frío ni calor, qué flojera ni qué nada!

¡Tú eres bueno! ... ¡Tú eres joven!

Don Lorenzo lo animaba a diario con palabras que le infundían coraje y decisión. Le enseñó a ser madrugador, laborioso y decidido. Alejandro grabó y aprendió muy bien estas lecciones y las puso en práctica todo el resto de su vida.

Unos años después, su madre Elena, su esposo y el pequeño Lorenzo se mudaron a la localidad de Quian, en la cabecera del valle de Culebras, en Huarmey. Sus hijas Laura y Antonieta fueron a vivir a la casa de su tía Beatriz Ardiles, casada con don Heraclio Castillo, y su primogénito fue acogido con afecto por sus tíos Isaías Fournier y Alejandrina Ardiles de Fournier. Su tío Isaías era hijo de un hacendado francés y le enseñó los secretos del oficio de ganadero. También lo llevó a visitar fundos vecinos, como Chacchán y Colcabamba, en la cuenca del río Casma. Estas vivencias fueron influyendo en su personalidad y su manera de pensar. Alejandro se convirtió en un joven madrugador y muy laborioso, y así se ganó el aprecio de sus tíos.

Como era ágil, aprendió a capear toretes bravos haciendo piruetas con la cintura. Fue asimismo un "cazador de punta fina". Junto a su tío Isaías cazaba palomas, venados, perdices y vizcachas.

> "La lengua tiene poder para dar vida y para quitarla; los que no paran de hablar sufren las consecuencias".
> —Proverbios 18:21

A LA CONQUISTA DE LIMA

En 1935, cuando Alejandro tenía 17 años, cumplió uno de sus más caros anhelos: pisar Lima por primera vez. Llegó con su tío Julio Ardiles Robles y su primo Juanchuco. Antes se había despedido de su madre, quien le dio su bendición, y la de sus muy queridas hermanas, Laura y Antonieta, a quienes prometió volver por ellas.

En la actualidad, el viaje desde Pampas Grande a la capital peruana demora unas ocho horas. El recorrido que hizo, en aquel tiempo, duró más de tres meses. Primero se trasladó a pie y a caballo hasta Huarmey, luego en barco a vapor hasta el Callao, y desde el puerto arribó en tranvía a Barrios Altos, donde vivía José Ardiles, primo de su tío Julio.

Una vez llegados, decidieron caminar hasta la casa del tío José, pero el sol del verano limeño los terminó por agotar. Intentaron tomar un taxi y estiraron varias veces el brazo para conseguir uno, pero los conductores seguían de largo al verlos tan maltrechos.

Primera foto de Alejandro Ardiles. Ojos color miel, pelo castaño.

—¡Vayan a tomar carros de plaza! —les gritaban.

Y ellos se preguntaban con inocencia:

—¿Dónde quedará la plaza para tomar un taxi?

Finalmente, un taxista se compadeció de ellos, se estacionó, los hizo subir, les dio un par de vueltas y les cobró 50 centavos. Era el mismo precio que hubieran pagado desde un inicio, pues estuvieron a tan solo dos cuadras de su destino final.

Lima, la Ciudad de los Reyes, los recibió mostrándoles muchas novedades: piletas de aguas cristalinas, casonas coloniales y un ordenado tránsito de vehículos brillantes y nuevos. Ellos llegaron agotados pero felices, llenos de aspiraciones. Caminaban bien erguidos, con la frente muy alta y haciendo sonar fuerte sus chimpunes: "chap, chap, chap". Eran los mejores zapatos de sus vidas, con los que viajaron para hacer realidad el sueño dorado de todo provinciano de esa época: conocer la capital del Perú.

Alejandro y Juanchuco fantaseaban con hacerse de un porvenir digno, conseguir un buen trabajo y hasta quizás conquistar unas bellas limeñitas, a quienes ofrecerían una "vida bien elevada", a 3700 metros sobre el mar, en Pampas Grande, se decían entre risas.

EL ÉXITO DEPENDE DEL TRABAJO ARDUO, NO DE RECIBIR DÁDIVAS

Pero en Lima no la tuvieron fácil. Debieron enfrentarse con valentía a las penurias y los chascos que todo provinciano de entonces debía superar con tal de sobrevivir en la capital. Comprendieron que necesitaban coraje y dedicación para hacer algo por ellos mismos comenzando de cero.

Con mucho empeño, empezaron a trabajar como ayudantes de albañil y carretilleros, recomendados por su tío Julio. Día a día sudaban la gota gorda cargando pesadas carretillas de arena y piedra chancada, latas de agua y ladrillos sobre sus hombros. Tenían las manos agrietadas, soportaban altas temperaturas en verano y la humedad del invierno en Lima. Pero no se amilanaban. Por el contrario, se daban fuerzas para continuar.

> "Si no trabajas, te quedas pobre;
> si trabajas, te vuelves rico"
> —Proverbios 10:4

EL QUE AMA TRIUNFAR AMA EL DEPORTE

Los días de trabajo parecían interminables. Solamente el sueño de triunfar les permitía vencer el peso del cemento y el implacable sol, del

Don Alejandro un apasionado del fútbol.
En cuclillas: sus hijos Carlos, Bernabé y Alex.

que apenas se cubrían con gorras de papel periódico. Estaban pagando "derecho de piso": ese piso limeño que pronto doblegarían con sus gastados chimpunes.

Como Alejandro siempre fue disciplinado, centrado y muy maduro, no perdió el tiempo en vicios como el licor, que es muy común entre los albañiles, y más bien convenció a su primo Juanchuco de jugar pelota todos los fines de semana.

Así se convirtió en un apasionado del fútbol. Comenzó con pelotas de trapo en canchitas improvisadas, sin arco de metal, ni banderines, ni mucho menos árbitro; solamente con piedras que simulaban la portería y una tiza blanca para señalizar la canchita. Por esos tiempos se estaba construyendo el Estadio Nacional y ellos jugaban por los alrededores, entusiasmados con la obra. El deporte les enseñó a trabajar en equipo, a valorar la amistad, a tener disciplina, a saber escuchar y, sobre todo, a entender que en la vida hay días en que se gana con humildad y otros en que se pierde con decoro.

Alejandro era un muchacho sonriente que se lanzaba al balón con gran ímpetu y cuando hacía un gol daba volteretas de alegría. Gracias al deporte mejoró su autoestima.

"El deporte te cambia la mente y el corazón,
incluso te cambia la vida para bien".
—Lionel Messi

DIOS ACTÚA CUANDO EL HOMBRE YA NO PUEDE

A sus 19 años, un día de trabajo cualquiera, Alejandro recibió una carta demoledora:

"Tu madre, abandonada, ha partido al encuentro del Señor y tus hermanas han quedado desamparadas con cuatro huerfanitos más: Gregorio, Lorenzo, Moisés y Rebeca".

¿Qué iba a ser de sus hermanas, ahora huérfanas por completo? ¿Qué podía hacer por ellas un pobre obrero de Lima sin ahorros? Se sentía solo, triste y desamparado.

Siguió trabajando sin que nadie notara que estaba padeciendo el más intenso dolor de su vida. Perdió el apetito y, con el pasar de los días, enfermó. Tuvo que ser internado en el Hospital Obrero. En un pabellón colmado de enfermos, **volcó nuevamente su mirada** a Dios y elevó una oración con gran fe, pidiéndole ayuda. "¡Dios nunca falla!", pensaba. **Comprendió que ningún problema es más grande que Dios.**

Tras recuperarse, se volvió aún más metódico. Decidió tener siempre un ahorro para cualquier emergencia, alimentarse mejor, tomar una siesta sobre bolsas de cemento vacías después de cada almuerzo y seguir practicando deporte.

De esa decisión renació un hombre atractivo, fuerte y seguro de sí mismo.

Su nueva personalidad le permitió ahorrar 200 soles, que invirtió en un negocio con su hermano mayor Gregorio. Desafortunadamente, el negocio no prosperó, pero eso no logró desanimarlo. Aprendió que los negocios solo progresan cuando uno mismo los cuida y los hace crecer. "El ojo del amo engorda al caballo", pensaba. Se propuso entonces continuar trabajando para ganar más, juntar otros ahorros y volver a invertir.

En ese empeño, aprendió el oficio de albañil contratista. No se conformaba con ser solo ayudante de albañil. Tenía un afán de superación. Paso a paso empezó a rellenar zanjas, que son la base para colocar los ladrillos de las paredes de las casas y edificios, a armar el sobrecimiento y a encofrar con arena, piedra chancada y cemento. Más tarde aprendió a armar columnas con fierro de construcción, siempre con medidas exactas que memorizaba con facilidad, y a "plomar" las paredes: utilizando un péndulo, medía la verticalidad de una pared, haciendo un cálculo preciso para tarrajear en forma pareja. También dominó el acabado de las molduras de las columnas más elevadas, que en ese tiempo se remataban en altorrelieve, a cuatro metros de altura, al estilo colonial.

Su hermano mayor Gregorio acompañando a su hijo Julián con su familia nuclear. Huarmey, 1982.

Al trabajar con puntualidad y responsabilidad, Alejandro fue considerado un albañil exitoso y superó a varios colegas que se habían iniciado mucho antes que él. De esta forma se ganó el respeto y la consideración no solo de ellos, sino también de los ingenieros, sus jefes.

Como maestro de obra tuvo mejores ingresos económicos. Esto lo motivó mucho. "Ganaré más, ahorraré más y ¡tendré mi negocio propio!", se dijo.

> "Más poderosa que la fuerza nuclear
> es la fuerza de la voluntad".
> —Albert Einstein

Calles empredradas de Pampas Grande.

02

TODOS VUELVEN A LA TIERRA EN QUE NACIERON

Alejandro retornó a su Pampas Grande querido y, a partir de esa fecha hasta su vejez, jamás se desconectaría del pueblo que lo vio nacer. Viajó constantemente a diferentes partes del país y al extranjero a aprender más, pero siempre retornó llevando novedades y adelantos a su pueblo.

Don Alejandro aún no sabía que su regreso fue la mejor decisión que pudo tomar. Definitivamente, la vida no sería igual sin su madre, pero también le significó algunas alegrías, como volver a ver a sus hermanas, ya grandes y muy guapas. Laura ya había cumplido 21 años y estaba casada con Braulio Yauri Alegre. El reencuentro con ella fue conmovedor. Entre abrazos y llantos, compartieron la emoción de volver a verse y el recuerdo de la partida de su madre. Antonieta, por su parte, estaba hecha una bella señorita a sus 16 años, aunque recordaba poco a su hermano, del que se separó cuando era aún una niña. Sus ojos color miel lloraron con grandes borbotones de lágrimas, a la vez que tenía una sonrisa de gozo, al igual que ellas. La familia se entrelazó llorando de felicidad.

Su hermana Laura Ardiles Caja.

—¡Alicho, por fin regresaste! —dijo Antuca.

—¡Nuestros padres, Bernabé y Elena, deben estar felices en el cielo, mirándonos juntos otra vez! —agregó Laura.

—Sí, hermanitas. Por eso debemos vivir unidos en las buenas y en las malas —agregó Alejandro.

Así fue el resto de sus vidas. Vivieron muy unidos y dejaron este legado a sus hijos y a los hijos de sus hijos.

EMPRESARIO EMPRENDEDOR

A los 24 años, respaldado por sus ahorros, se preguntó: "¿Quién seré? ¿Cómo llegaré más lejos? ¿En qué negocio puedo invertir?". Como buen observador, dedujo que un buen negocio sería abrir una licorería en Pampas Grande, donde —según una risueña tradición— a veces puede faltar agua, pero jamás licor.

Para iniciar su primer negocio propio trabajó en Lima siete años en construcción civil, sin realizar gastos superfluos ni tomar vacaciones. Hizo su inversión inicial en el Mercado Central, donde compró licores en latas al por mayor, que luego transportó en un camión hasta Huarmey y, desde allí, en bestias de carga hasta Pampas Grande. Fue una odisea de casi un mes, caminando por senderos accidentados, empinados y desolados. Sin embargo, él viajaba cantando y silbando. En los días de lluvia torrencial, don Alejandro se ponía su poncho de aguas, rezaba en silencio y siempre tenía la seguridad de que Dios lo acompañaba. Ese pensamiento le daba calma y temple.

—¡Arre! ¡Arre! ¡Sigamos adelante! —arreaba a sus burros.

Su agudeza mental y el esforzado trabajo que realizó fueron muy bien recompensados. Inauguró su tienda —y la ubicó en plena plaza de

Armas de Pampas Grande— y tuvo éxito desde el primer día. El negocio se transformó en el punto de encuentro de interminables anécdotas, vivencias y largas noches de tertulia. Allí aprendió muchos chistes y bromas que contaría a lo largo de su vida. Siempre fue muy risueño, jocoso y animado, con muy buen sentido del humor.

—Cuando atendía su tienda había borrachos que a altas horas de la noche no se querían ir a descansar a pesar de estar muy mareados. Don Alejandro se burlaba de ellos haciéndoles tomar su propia orina y les cobraba como si fuera cerveza. Siempre recordaba estás anécdotas riéndose a carcajadas —relata su sobrino, Reynaldo Trinidad.

Como deseaba continuar sus labores como maestro albañil en Lima, rompió esquemas. Se convirtió en la primera persona en dar empleo en Pampas Grande. Contrató personal de la localidad para trabajar y atender en su tienda, mientras él continuaba laborando en Lima. Sin saberlo, había iniciado la senda del progreso en su comunidad.

"Mira que te mando que te esfuerces y seas valiente; no temas ni desmayes, porque tu Dios estará contigo donde quiera que vayas".
—Josué 1: 9

LA VIDA SE CONVIERTE EN UNA UNIVERSIDAD CUANDO NOS CRUZAMOS CON UN GRAN MAESTRO

Cuando retornó a Pampas Grande, se hospedó en casa del profesor don Bruno Valverde Granda, un gran pedagogo y esposo de su prima Zoraida Alegre Ardiles. Fue extraño para Alejandro conocer a un profesional graduado que viviera en un pueblo pequeño, y más extraño aún

En la inauguración de la escuela de San Juan, De camisa amarilla, don Bruno Valverde, sus primos Lidia Ardiles, Cesario Trinidad, entre otros.

que fuera paciente, afectuoso y tan simpático, como lo era don Bruno. Definitivamente, fue Dios quien puso a este maestro en su camino.

Don Bruno se convirtió en su mentor en el tema educativo. Le enseñó la importancia de brindar un buen trato a los niños, no hacerlos llorar, no asustarlos, no desanimarlos. Le enseñó además a no decirles "no" sin razón, a nunca mentirles y a darles un buen ejemplo y prodigarles siempre palabras alentadoras. En el futuro, todos estos consejos Alejandro los pondría en práctica con sus propios hijos y nietos.

Los esposos Valverde Alegre, de esta manera, contribuyeron con cariño y valores humanos en la formación de Alejandro.

Fueron años agitados para él entre Pampas Grande y Lima. En uno de sus viajes llevó a la capital a su querida hermana Antonieta, con la esperanza de que se labrara un mejor porvenir. Y así fue: con la bendición de Alejandro, ella se casó con don Porfirio Valenzuela, un caballero a carta cabal, a quien Alejandro consideró como un hermano durante toda su vida. Era una de las mejores épocas de Alejandro: era feliz y además gozaba de buena salud. Se encontraba en todo su esplendor.

> "El que anda con sabios, sabio será...".
> —Proverbios 13:20

ENAMORAMIENTO Y MATRIMONIO

Ella tenía apenas 17 años y Alejandro, 26. Fue un amor a primera vista, como en las novelas. Alejandro recordaba:

Majestuoso atardecer visto desde la Plaza de Armas de Pampas Grande.

—Fue casualidad. Yo estaba en San Juan, visitando a mi hermana Laura, cuando la vi por primera vez. Yo le sonreí y le quise hablar, pero me dijo que no, que "otra vez será, otra vez será". Fui el siguiente domingo y de nuevo la encontré. Le dije: "Me gustan los hoyitos de tu cara de ñusta y tu abundante cabellera negra azabache bien trenzada". Ella sonrió y se puso chaposa. Así comenzó nuestro amor en primavera.

Se veían a escondidas, porque doña Filberta Alegre, madre de Victoria Fortunata Aniceto Alegre, era muy estricta. En su afán de mantener a sus hijos ocupados, arrojaba en el piso granos de haba y cebada, y les ordenaba separarlos. Otras veces, cuando salía, doña Filberta encargaba a su vecino, don "Oso Domingo", lo siguiente:

—Cuando veas a mis hijos correteando en la calle, los haces pasar a correazos a mi casa —le pedía—. Yo le voy a pagar, hágame ese favor.

—Muy bien, doña Filberta. Lo cumpliré al pie de la letra.

Como era lógico, con una madre tan drástica, era prácticamente imposible que Victoria Fortunata se enamorara y menos encontrara un esposo. Casi no tenía oportunidad de entablar amistad alguna con ninguna persona. Por eso, cada vez que se veía con don Alejandro, el miedo a su madre se reducía por la gran atracción que sentía por él.

Alejandro la llamaba "Oto". Vivieron un bonito romance y él le cantaba a viva voz "Llora, llora, corazón":

Tú representas las olas
y yo la orilla del mar,
Vienes a mí, me acaricias,
me das un beso y te vas...
¡Llora, llora, corazón!
¡Llora si quieres volver!
Que no es delito en un hombre
llorar por una mujer.

Un día Fortunata se armó de valor y habló con sus padres:

—Mamá, yo quiero casarme con él...

—Ni loca, hija. Ni loca. Los hombres son mentirosos. Mi primer esposo me dejó con tu hermano Braulio. El segundo, con Margarita...

—Pero con mi papá tuviste cuatro hijos.

—Tuve suerte con él. Hasta ahora. Pero mejor no te cases. Tú eres cholita campesina y él es blanco. Se va a burlar de ti.

Por eso, cuando don Alejandro fue a San Juan a pedir su mano, recibió una rotunda negativa.

—¡Manan! —le dijeron.

Entonces resolvieron fugarse. Corría el año 1945. Como en un cuento de hadas, Alejandro y Fortunata se fueron de luna de miel bajo el cielo de infinitas estrellas. Al enterarse doña Filberta, no tuvo otra alternativa que aceptar la decisión y les asignó un espacio de su casa en San Juan, que su esposo, don Marcos, se encargó de construir.

Como Alejandro era muy trabajador y honrado, muy pronto se ganó la simpatía de sus suegros. A su vez, Fortunata era muy laboriosa como su madre, abnegada y dedicada a su familia, con sanos principios y valores. Por eso su tío Isaías Fournier Ardiles, al enterarse del amor de ambos, repetía:

— ¡Qué perfecta elección ha hecho Alicho!

"El amor es el mejor motor para el desarrollo".
—Anónimo

¿QUÉ HACER CUANDO SE PIERDE A UN SER QUERIDO?

Cada invierno, las nubes y la niebla cubrían el suelo de Pampas como un manto que atrapaba el aire helado. Pero cuando el cielo estaba despejado, se podía mirar hacia abajo y ver el valle de Pariacoto, por donde pasaba la carretera.

A veces la vida también es así. Las circunstancias difíciles nos rodean como una neblina espesa, gris oscuro, que el sol no puede penetrar. Sin embargo, la fe es la mejor manera de elevarse por encima del valle.

Alejandro y Fortunata atravesaron por una prueba muy difícil cuando su primogénita Victoria Elena, quien ya caminaba, falleció a la edad de un año, a causa de un problema estomacal. La habían esperado con mucha ilusión. Era una niña feliz, fruto del amor que se tenían y con toda una vida por delante. Pero Dios tenía otros planes para ella y su familia.

Ambos lloraron amargamente y **pidieron a Dios de rodillas** que nunca más les quitara un hijo. Cerraron su tienda una semana. Prometieron servirle y mantenerse fiel a Él por siempre. Solo con la fe de Dios pudieron salir de la tristeza y las penumbras, y obtuvieron una nueva perspectiva en sus vidas.

"...buscad las cosas de arriba"
— Colosenses 3:1.

LOS CAMPEONES COMIENZAN DONDE ESTÁN Y CON LO QUE TIENEN

Un día, doña Filberta llegó a su casa a visitarlos.

—¿Y esto qué es, mamita? —le preguntó Fortunata.

—Son un regalo, hija. Así como aumenta tu familia con hijos, tiene que aumentar tu ganado con tu trabajo.

—Gracias, mamacita. ¿Cómo se llaman?

—Esta ternera es Flor de Habas. Y la otra se llama Neblina.

Alejandro, que era un visionario, se proyectó, desde ese instante, para ser un gran ganadero en un futuro. Por eso, guiado por su mentalidad ganadora, multiplicó sus animales intercambiando los críos machos de sus terneras, Flor de Habas y Neblina, por crías hembras de otros ganaderos. Se inició de esa forma en San Juan y con tan solo dos terneritas. Sin imaginar que en un futuro sería el mejor ganadero de la zona.

03

HAY UN EMPRESARIO DORMIDO EN EL ALMA DE TODOS

HAY UN EMPRESARIO DORMIDO EN EL ALMA DE TODOS

Cualquier persona se puede convertir en un empresario, cuando es emprendedora. En cierta ocasión, Don Alejandro le comentó a su esposa una nueva idea de negocio:

—Podemos ganar mucho dinero si trabajamos duro en chacras ajenas. Ellos ponen sus chacras y las semillas, y nosotros, el trabajo. Y al final de cada cosecha nos repartiremos con los dueños en partes iguales. Consumiremos algo de lo nuestro y lo demás lo venderemos para ahorrar. Cuando tengamos capital ¡compraremos chacras! Luego hipotecaré las chacras al banco para sacar un préstamo y hacer una gran inversión. Ya verás cómo progresaremos con la ayuda de Dios —se entusiasmó Alejandro.

—Me parece bien, Alicho —respondió su esposa, sabia consejera.

Fue así como Alejandro se inició como agricultor de papas, trigo y cebada.

Más adelante, como era muy emprendedor y trabajador inició un nuevo negocio: una chanchería, porque los cerdos se multiplican rápido y los podía alimentar fácilmente con las abundantes cosechas de cebada que poseía.

El mayor sacrificio consistía en conducirlos a pie en piaras hasta Pariacoto, donde pasaba la carretera y, finalmente, llevar los cerdos en camiones hacia Huacho, donde los comercializaba.

Su ganado porcino se alimentaba de sus propias cosechas de cebada.

Todo esto implicaba dormir a la intemperie, sin catre ni cobijas, siempre atentos a los animales, que podían escapar o ser robados. Había que cuidar también a los burros, que cargaban la cebada en costales para alimentar a los puercos; contarlos, recontarlos y atrapar a los huidizos. Los burros también llevaban los "colchados", alfombras hechas de costales viejos de lana que usaban los comerciantes para dormir en el camino.

Para evitar estos problemas, Alejandro trasladó su chanchería de San Juan a Pashicuta, una zona más cercana a Pariacoto, donde un riachuelo cristalino calmaba la sed de los animales, árboles frondosos les daban sombra y comían frugalmente cerca de los pedregales hasta arrastrar las barrigas. Con estas facilidades se minimizaron los esfuerzos y los costos, y aumentaron sus ganancias. Ya con el negocio enrumbado, contrató personal para encargarse de su chanchería, mientras él continuaba trabajando en Lima como contratista de Albañil y en su tienda de Pampas alternadamente

El apoyo de sus suegros fue fundamental para él. Se sentía seguro y tranquilo al dejar en buen recaudo a su esposa y sus hijos, que iban naciendo cada dos años en San Juan. Sus viajes a Lima continuaban porque con frecuencia tenía contratos de construcción. Además, en la capital aprovechaba para comprar más mercadería con el fin de abastecer su tienda en Pampas, que iba de viento en popa.

Lo anecdótico de estos largos viajes a Lima era que sus hijos nacían durante su ausencia, dado que en ese tiempo no existían celulares ni emails. Su suegro, don Marcos, los inscribía con nombres irrisorios que copiaba del almanaque Bristol (Teodocia, Urbano, Restituta, Purificación) que, felizmente, más adelante don Alejandro, cuando fue Alcalde, cambió por nombres más populares.

FUE UN HERMANO SOLIDARIO

En esos tiempos falleció don Braulio Yauri Alegre, hermano de su amada Fortunata y esposo de su querida hermana Laura. Don Braulio dejó cua-

Hijos de su hermana Laura, Coty, Violeta, Delfin, Román, Hugo, Guido, Elena, Judith y Laura Juanita. Hoy, todos ciudadanos americanos.

tro huérfanos: Román (8), Guido (6), Delfín (4), Clotilde (2). La familia se sumió otra vez en la tristeza, pero esta dura prueba les sirvió para avivar más su fe en Dios y salir adelante. Su querida hermana Laura, tan inteligente y trabajadora, se volvió una mujer virtuosa. Doña Fortunata y don Alejandro fueron muy solidarios con ella y ayudaron en la crianza de sus hijos como si fuesen los suyos.

Un día, sus sobrinos Guido y Román le jugaron una broma a su tía:

— ¡Tía Fortu, despiértate, temblor!

Doña Fortunata, al sentir moverse su catre, empezó a rezar de rodillas en su cama: "Ave María Purísima, sin pecado concebido…". Sus sobrinos empezaron a reír a carcajadas: la cama se sacudía al compás del perro de la casa, quien se rascaba debajo con gran fruición, luego de haberse comido las sobras de jamón que ambos niños, en una travesura, habían devorado. Así se trataban y bromeaban entre ellos, con total confianza, como una familia ejemplar. Amaba a sus hermanas Laura y Antonieta profundamente y a sus sobrinos huérfanos los corregía, los hacía estudiar; reemplazaba la labor de su padre.

La hija de su hermana Antonieta, Toya, limeña, muy bella y delgada, sufría de muchas alergias: sinusitis, faringitis, amigdalitis, rinitis, bronquitis. Además, tomaba muchos antibióticos y usaba inhaladores contra el asma. Todo a causa de la elevada humedad del clima de Lima. Entonces, su madre le compartió su preocupación a su hermano Alejandro quien esperó las vacaciones escolares de Toya, para llevársela a Pampas Grande.

Toya cuenta: "Recuerdo que mi mamá lloraba al despedirme, pensando que me iba a morir en Pampas Grande por la altura y el frío. Recién cuando retorné a Pampas Grande después de muchos años, pude darme cuenta de la magnitud de lo que hizo mi tío Alejandro. Recuerdo que nos llevó a mi prima hermana Coty y a mí sobre un caballo desde Pariacoto. Era de noche, nos sujetó fuerte y emprendimos el viaje que me pareció interminable. Subimos cerros tras cerros, durante largas horas. Yo no veía nada, todo era muy oscuro, felizmente, por una parte. Pues no imaginaba en absoluto de los abismos gigantes que atravesábamos, pero si teníamos mucho miedo por la oscuridad, la soledad y lo desconocido. Ambas queríamos ponernos llorar, pero mi tío —muy inteligente y ocurrente— nos entretenía con cuentos y más cuentos para niños que él sabía de memoria. Como niñas que éramos, así nos distraíamos, a tal punto que se nos fue el miedo y disfrutamos del viaje, llegando muy bien a Quillcán! Recuerdo a mi tía Fortunata muy solicita, quien nos acogió con mucha hospitalidad. Diariamente nos servía comidas típicas de la zona: leche recién salida de la vaca, quesillos frescos, papas recién cosechadas y diversos potajes preparados en ollas de barro. En Quillcán jugué con lodo y chapoteaba descalza en medio del barro y de las lluvias torrenciales. Jugué con tierra y otros elementos naturales: todo lo contrario de cómo vivía en Lima, pulcra, limpia, bien cuidada, todo hervido y desinfectado. Si mi mamá se imaginaba cómo estaba en Quillcán ¡se moría! Pasaron los tres meses de vacaciones y retorné a Lima, estaba sana de todas las alergias que sufría, hasta el día de hoy".

Toya subió de peso en pocos meses. Desde entonces bailó en forma extraordinaria, hasta el punto de salir en el programa televisivo "Perú Canta y Baila". Ella y su grupo de danza viajaron a México a representar a nuestro país.

EL LÍDER ROMPE ESQUEMAS

Don Alejandro también fue el primer vecino de Pampas Grande en utilizar el sistema bancario. Tal como lo había planeado, hipotecó al banco sus chacras y consiguió su primer préstamo del Banco Agrario del Perú. Sagazmente, invirtió ese préstamo en arrendar por 10 años de la Municipalidad de Pampas Grande el fundo de Acray —más de 100 hectáreas—, ubicado en la zona costera del distrito. Emprendió allí la crianza de ganado caprino, porque las cabras se reproducen de dos en dos.

La zona de Acray, a pesar de ser arenosa, tenía un río que hasta esa fecha nadie había explorado y prometía grandes ganancias. Para este negocio se asoció con su amigo del alma, don Justino Sánchez Montoya, un mercader cajamarquino, risueño y de ojos azules. Aquella era una zona donde era fácil perderse. Ambos tuvieron que protegerse con armas contra los animales salvajes que pululaban, primero, y luego enfrentaron con valor las altas temperaturas, las espinas de los cactus, y en especial la soledad. Sin embargo, años más tarde se les uniría su hermano mayor, Gregorio. Juntos incrementaron rápidamente su ganado caprino. Con ellos descubrió las posibilidades de la extracción de lana vegetal (era muy codiciada como relleno para colchones), así como el carbón vegetal (útil como combustible), que luego trasladaban a Huarmey para la venta. Obtuvo grandes ganancias con la venta de ambos productos, y, también, con los pavos doble pechuga. Acray tenía el clima ideal para la crianza de los pavos y don Alejandro lo supo aprovechar.

LAS CABRITAS DEL RICO FEROZ

Su hijo David, hoy gerente de la compañía multinacional Siemens en Alemania, guarda este recuerdo de esa época:

—Yo jugaba en la pampa de Quillcán y, de un momento a otro, pasó un señor con una manada de cabras. Al verlas me engreí y le pedí a mi padre que me comprara dos cabritas bebés. Me puse a llorar hasta que él cedió porque siempre decía: "Hay que darle gusto al niño". Con el tiempo, esas cabritas se multiplicaron. Cubrían el cerro de Coto y después se trasladaron a Acray. Tiempo después, siendo ya estudiante de la Universidad Nacional de Ingeniería, gané una beca integral en INABEC para estudiar en Alemania, y con el monto de la venta de las cabras, que ya superaban las 400 cabezas, viajé a labrarme un futuro mejor en ese país.

Una regla de todo líder es tener mente abierta y gusto por los viajes, según Yoshio Ishisaka, exvicepresidente de Toyota Motor Corporation. Don Alejandro lo tuvo, viajaba constantemente dentro y fuera del país hasta su vejez.

Cabritas del Rico Feroz.

TRABAJADOR FÉRREO

Don Alejandro se internaba cuatro a cinco horas en Acray y encontraba burros y potros salvajes que llevaba a Quillcán para amansar y usar como bestias de carga. Desde entonces, su medio de transporte fue el caballo. Ayudado por su buen estado físico, se convirtió en un diestro

Don Alejandro viajando a los Estados Unidos.

chalán, amansador de caballos chúcaros. Era muy valiente, seguramente porque comía un rocoto casi a diario. Y tomaba el calostro de la leche de sus vacas.

En esos tiempos de bonhomía económica solía trasladarse de Lima a Pampas Grande para supervisar sus negocios y compartir tiempo con su familia. Habitualmente usaba dos rutas. La primera comenzaba en Pampas Grande, seguía por San Juan, Pashicuta, Pariacoto y Huarmey, hasta llegar a Lima. La segunda partía de Pampas Grande, continuaba por San Juan, Acray, El Molino, Huarmey y llegaba a la capital.

En Pampas Grande supervisaba la tienda. En San Juan vivía con su familia y sembraba y cosechaba. En Pashicuta supervisaba su chanchería, en Acray vigilaba su ganado caprino y en Lima trabajaba como albañil contratista. Las ganancias de sus variados negocios fueron invertidas en construir una casa propia en Pampas y una casa de campo en Quillcán y otra en Lima.

Su primo Manuel Castillo Ardiles contaba:

—Para que exista otro Alicho tendrán que pasar 500 años, porque era muy trabajador y generoso. Te regalaba el animal que escogías y nunca le negaba ningún favor a nadie. Por eso Dios lo premió como a Job. Yo vi cómo aumentaban sus animales en Acray.

Al fondo su casa de Quillcán.

"Más bienaventurado es dar que recibir"
—Hechos 20:35

LA HONRADEZ FUE SU MEJOR FORTUNA

Una vez a don Alejandro el Banco Agrario le abonó un fajo con diez mil soles de más. Él descubrió el error en su casa a la hora de recontar el dinero. Para estar seguro de que no se estaba confundiendo, lo contó y recontó con sus hijos. Efectivamente, le habían dado diez mil soles de más. Entonces retornó de inmediato al banco para devolver el fajo de billetes sobrante. Los bancarios se sorprendieron y, luego de realizar un minucioso arqueo de caja, lo felicitaron diciendo:

—Don Alicho, si tan solo hubiera diez peruanos honrados como usted, ¡otro sería el Perú!

Siempre actuaba con integridad y honestidad, los pilares de todas las grandes compañías del mundo.

> "De más estima es el buen nombre que las muchas riquezas, y la buena fama más que la plata y el oro."
> —Proverbios 22:1

TUVO UN CARÁCTER DE ROCA

En ese entonces, se convirtió en un cliente de mucha categoría y una persona muy importante en el Banco Agrario del Perú. Era un pagador puntual. Tenía un temple de roca y se hacía respetar a donde iba.

Un día acudió al Banco Agrario del Perú para solicitar un préstamo y le dijeron:

—Vuelva la otra semana.

Regresó a la semana siguiente, como le indicaron, pero nuevamente le dijeron lo mismo.

La respuesta le desbordó la paciencia y dijo en voz alta:

—¿Qué creen que soy? ¿Un ocioso como ustedes para estar volviendo todas las semanas? Soy un hombre de trabajo. ¡Necesito ese dinero para sembrar! ¿No se dan cuenta de que ustedes se deben a los clientes productivos como yo? ¿Quién es el administrador? ¡Quiero hablar con él!

El administrador salió a atenderlo, avergonzado, y le concedió el préstamo de inmediato. Desde ese entonces, don Alejandro siempre tuvo trato preferencial. Lo atendían sin necesidad de hacer cola.

> "El hombre es pobre porque quiere. Yo he sido el hombre más pobre del mundo, pero con fe en Dios, honradez y trabajo, he podido salir adelante".
> —A.A.C.

FUE TRABAJADOR Y PERSEVERANTE

Hugo Aguilar Ardiles, presidente de la Asociación Ancash, Perú-Nueva Jersey, Estados Unidos, evoca otra muestra del temple de don Alejandro:

Cosechaba gran cantidad y variedad de papas.

—Hace unos años, el Fenómeno de El Niño azotó severamente el norte del Perú. Pampas Grande quedó aislado por dos meses debido a los huaicos. Llovía en forma diluvial. Mis primos y yo, preocupados por nuestros padres, fuimos a pie desde Huarmey a Pampas. Pero grande fue nuestra sorpresa al llegar a Quillcán y encontrar a mi tío Alicho sin conmoción alguna, y más bien aporcando, abonando y fumigando sus sembríos de papa, para que no se pudrieran por el exceso de lluvias. "En estos casos, el peor enemigo es la rancha", decía mi tío, con la convicción de un agrónomo bien fogueado. Algo similar sabían todos los grandes agricultores de esa época, pero ellos fumigaban como máximo dos veces. Después se darían por vencidos ante las lluvias incesantes y la humedad continua. El único que insistió para salvar sus sembríos, hasta con cuatro fumigaciones, fue mi tío Alicho. Y como resultado a su esfuerzo, obtuvo la mayor cosecha de papas en la historia de Pampas Grande. Fue un claro ejemplo de **convicción y perseverancia** en todo lo que siempre se proponía. Esa sería una de las grandes enseñanzas de Alejandro Ardiles Caja.

FUE UN GRAN ORADOR

Dicen que la comunicación es el eje fundamental del ser humano y de un líder. En este aspecto él tenía una habilidad especial. Era excelente orador en quechua y español. Sabía arengar a los grupos y masas. Siempre infundía optimismo. Era un gran motivador. En cierta ocasión brindó un discurso ante un grupo de jóvenes trabajadores de una estación de servicios que caló hondo en la mente y el corazón de los humildes griferos.

Les dijo:

—Jóvenes, ustedes nunca se amilanen ni se sientan menos. No se conformen con su actual trabajo. Ustedes deben soñar que en un futuro pueden ser dueños de un negocio como este. Todo depende de tener fuerza de voluntad. ¡Trabajen con ahínco! ¡Aprendan bien su oficio! ¡Porque para ser un buen patrón, primero hay que ser un buen peón!

Esas dotes de un verdadero líder las percibían todas las personas de su entorno y le daban buena fama. Por ese motivo conseguía trabajadores con mucha facilidad para sus faenas.

Paseo familiar, 1992. *Inauguración de Ferretería Ardiles, 1982.*

FUE MUY INTELIGENTE

Un día tenía que dejar en Quillcán la llave de su casa a su hijo Alejandro. El problema era dónde dejarla y cómo avisarle, ya que entonces no existía ningún medio de telecomunicación. Más aún, no había nadie de confianza a quien encargar la llave. Entonces se le ocurrió una idea práctica y genial: dejar las llaves encima de la ventana, con un letrero trilingüe pegado en la puerta de la casa que decía: "Llaves umachowindow", lo que significaba: "Las llaves están sobre la ventana". Era una mezcla de castellano, quechua e inglés. Su hijo encontró las llaves al día siguiente y rio mucho por la sagacidad de su padre.

FUE BAILARÍN

Don Alejandro con su hija Julia, su pareja de baile.

Testifica su sobrina Elena Valenzuela:

—Mi tío Alejandro fue un hombre íntegro y ejemplar en todos los aspectos de su vida. Le encantaba zapatear, especialmente conmigo y su hija Julia, cuando le daba tregua a su espíritu excepcionalmente laborioso.

Bailaba todo tipo de música con un entusiasmo contagiante mencionando que para bailar se necesita tres cosas: ¡buen piso, buena pareja y buena música!

EL HUÉRFANO QUE CRECIÓ E HIZO CRECER A SU PUEBLO

Como se había decidido a mejorar el fundo de sus ancestros, Quillcán, resolvió mudarse con su familia del caserío de San Juan a Quillcán, donde había comprado muchas chacras. Les dijo a sus hijos que se mudarían para allá.

—Hijos, nos vamos a vivir a Quillcán.

—Pero la casa aún no está terminada de construir, papá. ¿Dónde vamos a vivir? —preguntaron sus hijos.

Don Alejandro recordó que es bueno que los hijos pasen alguna vez hambre y necesidad en la vida. Por eso les contestó:

—Viviremos en una cabaña de palos. Dios mediante, será solo por unos días. ¡Nos mudamos!

Marcela, su hija mayor, recuerda:

—Teníamos una cabaña de paja y palos cerca de un árbol llamado lloque. Éramos muy felices, pues mi papá, tan amoroso, nos hizo en el lloque un columpio y una hamaca, donde saltábamos y jugábamos desde el amanecer hasta el anochecer, como niños traviesos que éramos. Correteábamos todo el día. Pero, en una oportunidad, nos visitó don Viterbo Maguiña y exhortó a mi madre: "Estos niños deben recibir correazos tres veces al día, así como comen tres veces". Nos asustamos al escucharlo, pero por suerte nuestros padres no le hicieron caso. Casi nunca nos castigaban.

No pasó mucho tiempo para que terminara de construir su flamante casa en Quillcán. Era una vivienda de ensueño, con techos a dos aguas, tejas rojas, paredes macizas de adobe y un gran patio, donde sus hijos y sus primos Ardiles correteaban día tras día.

Era una época magnífica para don Alejandro Ardiles. Ya tenía cinco hijos: Marcela, Ángel, Elena, Alejandro y Julia. Junto a su esposa, jugaba con sus hijos, les contaba cuentos y fabulas durante las comidas y, a la hora de dormir, los llevaba en su caballo a pasear al pueblo, les enseñaba a trabajar amenamente, y sobre todo les inculcaba el amor y respeto a Dios.

—Papá, ¿quién hizo el Sol? —le preguntó un día su hijo Bernabé.

— ¡Dios! —le contestó sin vacilar.

— ¿Y la Luna, papá?

— ¡Dios!

— ¿Y las estrellas?

— ¡También Dios, hijo!

— ¿Tanto? ¿Y Dios no se cansa? ¡No, papacito! Dios es incansable hijo. Él es omnipotente, ¡todo lo puede! Omnisciente, ¡todo lo sabe! Y omnipresente, ¡está en todas partes!

> "Porque las cosas invisibles de él, su eterno poder y deidad,
> se hacen claramente visibles desde la creación del mundo,
> siendo entendidas por medio de las cosas hechas"
> —El apóstol Pablo (Romanos 1:20)

EXPANDE SUS DOMINIOS

Un día se levantó y observó que su querido Quillcán era inmenso pero improductivo, lucía los campos desolados y en el horizonte solo se distinguían cerros llenos de montes espinosos con peñascos.

Comparó los fundos que había conocido en la costa, llenos de siembras de algodonales y cañas de azúcar, con el fundo de sus ancestros, y vociferó:

—Los Ardiles son uli ricos ["ricos de mentira", en quechua]. ¿De qué les sirve enseñar su título de propiedad de Quillcán que llega hasta el mar, si solo siembran en unas parcelas? ¡Esto no alcanza ni para comer! ¡Acá tenemos que empezar de cero!

Dicho y hecho, ese mismo día tomó la decisión de convertir esas tierras eriazas, con arbustos y espinos, en chacras cultivables de trigales, papas y cebada. ¡Sembraría en gran escala! Vendería sus cosechas no solo en Huaraz, como era la costumbre de los pampasgrandinos hasta entonces, sino también en Lima, capital del Perú. Además, potenciaría el negocio ganadero. Trabajaría con ahínco, desde el amanecer hasta el anochecer, ¡así mejoraría su economía y la de todo su pueblo!

Luego de tomar esta decisión llegaría la prosperidad para don Alejandro: sería dueño de su propio negocio, empleador, y ya no sería más un simple empleado provinciano en Lima, uno más del montón, ¡gracias a su fe en Dios y ayudado, en su discernimiento, por el Espíritu Santo!

> "... y estarás encima solamente, y no estarás debajo, si obedecieres los mandamientos de Jehová tu Dios".
> —Deuteronomio 28:13

04

CÓMO CRECIÓ E HIZO CRECER A SU PUEBLO

Las Normas de su vida de AAC

Para llevar a cabo su plan de sembrar en gran escala, Don Alejandro definió intuitivamente tres directivas para su emprendimiento:

1. **Visión**: ¿qué deseaba lograr en un futuro?

Cambiar los destinos de sus hijos sacándolos de un círculo vicioso de mediocridad y pobreza mediante la educación, haciéndolos estudiar en los mejores colegios y universidades del Perú.

2. **Misión**: ¿qué estrategias usaría para cristalizar su visión?

Convertir el fundo de sus ancestros en terrenos cultivables sembrando en gran escala y siendo un gran ganadero.

3. **Valores y principios**: adoptó una gran fe en Dios, y como principios de su vida las normas éticas de los incas: "¡Ama llulla!, ¡Ama sua!, ¡Ama Kella!", que en español significa "¡No robes!, ¡No mientas!, ¡No seas ocioso!", los vociferaba y los practicaba a diario.

Sin saber, aplicó uno de los principios de la cultura japonesa: "copia lo bueno". Así, llevó consigo todo aquello que aprendió en Huarmey: cultivos y ganadería masivos, pero además lo mejor del ámbito familiar, aprendido de don Emilio Servat, de quien decían que era dueño de medio Huarmey, tenía diez hijos e hizo construir su casa en Lima Y repetía constantemente: "la mejor herencia para los hijos es la educación". Don Alejandro en un futuro lo imitó, y tuvo al igual que él diez hijos. Construyó a su vez su casa propia en Lima, cerca de la Universidad de Ingeniería. Todo lo bueno lo asimiló con creces.

Testifica su primo Adolfo Fournier Ardiles, ex-Comandante del Ejército Peruano:

> Alejandro era excepcional, todo lo observaba, captaba muy bien, era muy madrugador. Fue un hombre visionario, tenía una personalidad muy definida, que se adelantaba a los futuros acontecimientos. Se propuso que algún día las tierras de Quillcán llegarían a su máximo esplendor. Sembró extensas fanegadas de tierra en la parte alta. En ese entonces había la parte alta y la parte baja. Quillcán era un fundo muy extenso y llegaba hasta el mar. Por eso Alejandro tenía conflictos por los límites territoriales con la Municipalidad de Huarmey. Nadie se aventuraba por esos sitios, pero él lo hizo.
>
> Era osado y valiente, porque eran tierras vírgenes, desoladas, con precipicios inexplorados, valles agrestes e inclusive con animales feroces. Acray llegó a ser de los Ardiles. Gracias a él, sus dominios llegaban hasta el límite con Huarmey.

UNA VISIÓN EN MENTE

Una visión en mente es imaginar lo que uno desea en un futuro. Don Alejandro visionó Quillcán como un fundo próspero, con grandes chacras cultivadas y variada ganadería. Empezó planificando: ¿qué sembraría? Para eso escogió papas, trigo y cebada por ser su hábitat natural. ¿Con qué capital? El capital provendría de los préstamos del Banco Agrario. ¿Con qué personal? Contrató a un grupo de peones desde lejanas tierras: Huaraz, Chancos, Conchicos y Marcará, con quienes removió con gran esfuerzo las tierras accidentadas. ¿Con qué herramientas? Utilizaron la barreta y el pico.

Arriesgó una gran cantidad de dinero en la agricultura.

—**¡Alicho fue un hombre muy trabajador!** —puntualiza su esposa, doña Fortunata

Una vez que la tierra estaba removida y cultivable, lo cercaba, le ponía nombre y dedicaba una chacra para cada uno de sus hijos para que crecieran con mentalidad de dueños:

—Papá, ¿para quién es esta chacra Tumpush Pachan?

—Para Marcela, la Mama Vieja.

—¿Parihuanca?

—Para Ángel, Don Wuiño.

—¿La chacra Corona?

—Para Elenilla, la Ponguilla.

Sin saberlo, aplicó la "logística integral" y fue un maestro del *Supply Chain Management*, o manejo de la cadena de suministros. Administró con eficacia los recursos desde la siembra y la cosecha. Luego dirigía el transporte hacia Pariacoto y luego a Lima, el punto de venta final.

Su hijo Bernabé relata:

—Desde muy temprano empezaba las faenas en el campo y daba el ejemplo de cómo trabajar con ganas. Sabía estimular y motivar a sus trabajadores. Los exhortaba, les bromeaba y les daba fuertes palmadas para animarlos. Asimismo, les proveía buena comida, buen trato y pago justo. Los carajeaba solo cuando eran haraganes, mentirosos o borrachos.

Y los viajes a Pariacoto llevando las cosechas de papas, trigo y cebada sobre burros eran como viajar en avión. Solo Dios sabía si iba a haber turbulencia. De un momento a otro caían lluvias torrenciales, con truenos y relámpagos. El cielo se oscurecía, los ríos se desbordaban, crujían los puentes y no se podía pasar a la otra orilla, ni siquiera sobre caballos. Como era una zona escampada, no se podía pedir auxilio a nadie. No había lugar para hospedarse ni para comprar alimentos. Eran situaciones adversas y muy hostiles.

¡Este es un claro ejemplo del trabajador férreo que fue don Aljandro y fue así cómo se convirtió en un exitoso agricultor!

PIONERO EN TRABAJAR CON FERTILIZANTES E INSECTICIDAS

La estrategia para conseguir su objetivo de modernizar su pueblo consistió en llevar tecnología avanzada de la costa a los Andes del Perú. Don Alejandro transformó la agricultura introduciendo por primera vez en Pampas Grande el uso de abonos químicos y las técnicas de fumigación. Aplicando su propio método para abonar las siembras, **¡batió récords de productividad en la Cordillera Negra de los Andes!**

En cierta ocasión llegaron a Pampas unos ingenieros agrónomos de la Universidad Agraria, provenientes de Huaraz, para capacitar a los

Chacras de don Alejandro en pleno aporque de papas.

agricultores pampasgrandinos en el uso adecuado de los agroquímicos. Dictaron una clase magistral utilizando términos de porcentajes. Los agricultores no entendieron casi nada sobre el tema. Sagazmente, don Alejandro explicó su método: utilizando como unidad de medida latas vacías de atún en lugar de porcentajes. Todos los campesinos suspiraron con satisfacción.

—¡Ahora sí entendimos!—exclamaron.

Apostó con los ingenieros sobre el mejor método de producción.

—Ustedes siembren en estos dos surcos y abonen con su método. Yo sembraré en estos otros dos surcos y aplicaré mi método.

—No hay problema, don Alicho —respondieron los ingenieros.

¿Adivinen quien tuvo más cosecha de papas? Ganó ampliamente don Alejandro.

Puntualiza su hijo Alex:

"No tendría nada de extraordinario la labor de este humilde agricultor, si hubiese contado con maquinarias y equipos para la siembra y cosecha, carreteras para transportar los insumos, y cosechas y agua para el riego. Pero la verdad es que no disponía de nada de eso. Todo lo realizaba manualmente, con la ayuda de peones, bestias de carga y lluvias del cielo que Dios enviaba. Fue un paradigma. **¡Un gran ejemplo de vida!**".

LAS VACAS ENCORBATADAS DE DON ALEJANDRO

Para esas fechas, ya tenía ganado porcino, caprino, pavo y poco a poco empezaron a aparecer en Quillcán nuevas casas de la nueva generación Ardiles y también nuevas chacras. En la pampa de Quillcán yacían rumiando las "vacas encorbatadas" de don Alejandro, que se diferenciaban porque tenían un colgajo que semejaba una corbata: cuando eran becerros, les cortaba un pedazo de pellejo en la parte baja del cuello para establecer la señal de su propiedad.

Incursionó a uno de los rubros que le dió más éxito: ganadero de ganado vacuno. A fin de convertirse en un exitoso ganadero, trabajó duro año tras año. Compraba las mejores reses desde tempranas horas de la madrugada para conseguir los mejores toros de los criadores de Pampas Grande y de los distritos vecinos.

ERA MUY MADRUGADOR

Su sobrino Román (17), hoy residente en Estados Unidos, recuerda esa época:

—Un día mi tío Alicho y yo tuvimos que levantarnos a las tres de la madrugada para ir a Marnack, a dos horas y media de Quillcán, a la morada de don Carlos Lirio, otro agricultor ganadero muy conocido. Don Carlos solía salir de su casa a las 5:30 de la mañana. Llegamos justo a tiempo, cuando ya salía a vender su ganado. Le compramos varios toretes y retornamos a Quillcán con las reses, calculando al ojo el peso de cada animal. Mi tío Alicho era buen calculador. Así fuimos comprando toros de otros criadores, siempre madrugando. Mi tío me enseñó a ser honrado, trabajador y madrugador. No tenía miedo a nada, era valiente. Andábamos en la oscuridad total, a tientas por el camino. ¡Tenía una gran fe en Dios! ¡Siempre dio ejemplo de lucha!

Ángel, su hijo mayor, actual médico principal y Jefe de Nefrología del Hospital Rebagliati de Lima, recuerda una jornada de trabajo de la época cuando su papá se iniciaba como ganadero:

—Habíamos terminado la tarde muy cansados de trabajar en la chacra. Desuncimos los bueyes y los llevamos al puquio para que tomaran agua. Luego, debían quedarse en sus respectivos corrales para comer y descansar. Al día siguiente había que seguir trabajando. Esa noche, en plena lluvia, un torete de Quipash aún chúcaro pegó una carrera por la oscuridad. Corrimos tras el animal, pero no pudimos alcanzarlo. Me sentí impotente. El aguacero tan fuerte y la noche me impedían ver con claridad. Además, en el camino había espinas y no podía correr más con mis zapatos viejos y rotos. Tampoco los peones pudieron detenerlo. Entonces, cuando casi nos dábamos por vencidos, llegó mi padre, desafiando a la noche y el lodo para recapturar al animal. Retornamos en la madrugada, empapados de barro, con muchas espinas incrustadas en los pies, pero con el animal atrapado. Aprendí de este episodio una gran lección que, aunque parezca que todo está en nuestra contra, ¡nunca debemos rendirnos!

Como don Alejandro sabía de construcción, hizo bebederos para los animales con agua de los puquiales. Eran bebederos muy fuertes, de material noble. Daba gusto ver los manantiales de aguas cristalinas.

Su sobrina limeña, Elena Valenzuela Ardiles, Psicóloga, hija de su hermana Antonieta, recuerda:

—Él trataba muy bien a sus animales. Los llamaba por sus nombres, les proveía pasto fresco y agua limpia, y los trataba con mucho amor, como si fueran parte de su familia.

ERA UN BUEN TASADOR

Su hijo David comenta al respecto:

Muchos recuerdos emocionantes vienen a mi memoria al evocar la imagen de mi querido padre, especialmente cuando tuve la oportunidad de acompañarlo en muchas jornadas de transportar reses desde Pampas Grande hasta Lima, en su negocio de ganadero.

Cuando tenía más o menos 11 o 12 años empecé a acompañarlo en esos viajes, conduciendo camionadas de reses al camal de Garagay. De aquellos viajes guardo en mi memoria muchas anécdotas, la mayoría muy aleccionadoras, tanto que marcaron mi carácter y mi estilo de vida.

En esas arduas labores, desde comprar reses en Pampas Grande y pueblos vecinos, para luego transportarlas hasta Lima y vigilar todo el proceso de sacrificarlas en el camal, hasta la venta de carne, aprendí mucho: desde el arreo, el embarque y el engorde de los vacunos, hasta calcular el peso de cada animal, para luego tasar su precio. Incluso conocí mecanismos prácticos para pasar las garitas de control y hacer ingresar las reses oportunamente al camal, utilizando la famosa "moña" (propina) para agilizar los trámites.

"La vida no se mide por años, sino por los logros".
—Anónimo

CONTROLABA TODO

Sin haber estudiado administración, planificaba, administraba, controlaba las finanzas, producía y comercializaba. Controlaba sus negocios como lo hacen los grandes empresarios: manejaba un libro de contabilidad donde registraba todas sus operaciones de ganadería y agricultura. Ni bien nacía un animal, de inmediato lo inscribía o registraba en su libro y lo asignaba a uno de sus hijos como símbolo de pertenencia. Ellos, a su vez, tenían la responsabilidad de velar por su cuidado, es decir, le daba tanto la autoridad como la responsabilidad.

—Papá, ¿cómo se va a llamar este becerrito? —le preguntaba su hijo Alex.

—Planta, hijo.

—¿Y para quién va a ser?

—Para ti, papacito —decía riéndose, feliz de asignarlo, y levantándolo en alto entre sus fuertes brazos.

CONVERTÍA CADA RETO EN UNA OPORTUNIDAD PARA CRECER

—¡Muuu!

Mugían sus vacas encorbatadas frente a su casa de Quillcán porque no había pastos frescos ni agua para beber. Don Alejandro, sin embargo, convertía cada reto en una oportunidad para crecer. En las épocas de sequía, montaba su caballo y se dirigía a galopes hacia la costa para arrendar potreros de alfalfa en Huamba o Huarmey. Luego trasladaba sus reses hasta que pasara la sequía. Allí aprovechaba la oportunidad para comercializar la leche de sus vacas. Estos ingresos le servían para financiar la alimentación de su ganadería.

Como ganadero, manejaba gran cantidad de dinero. Gracias a Dios era muy inteligente. Se mandaba a hacer pantalones con dobles bolsillos de militar y sacó licencia para usar una pistola, pues era aguerrido. Nadie lo asaltaba. Era un hombre de carácter.

Arriba: Con su camión transportaba sus cosechas. Al fondo, el majestuoso Canchón, Pampas.

Derecha: Con su querido nieto Christian Daniel.

Con el pasar de los años, compró sus propios vehículos para transportar sus cosechas y animales. Él mismo los manejaba: camionetas y camiones desde Lima a Pampas Grande y viceversa. Su primer auto fue un Hillman Hunter, y luego compró su primer camión, Santa Elena Dodge 300 WG-300. , a sus camiones le puso de nombre "Ñato Lindo" en honor de su nieto, Christian Daniel, a quien quería mucho.

Curiosamente, aprendió a conducir a los 50 años. Con ello demostró a las futuras generaciones que para aprender no hay edad.

> "Al que honra al Señor, al final le irá bien"
> - Eclesiastés 1:13

QUILLCÁN, PARAÍSO TERRENAL

Al pasar los años, fruto del esfuerzo, trabajo y perseverancia, Quillcán se convirtió como en un paraíso terrenal, con su clima templado, sol brillante y cielo azul, por donde pasaban nubes blancas como copos de nieve. ¡Lucía hermoso! Todas las nuevas chacras con surcos llenos de trigales, papas con flores blancas y violetas, y cebada con espigas doradas que se bamboleaban con la brisa. ¡El sueño de don Alejandro se había hecho realidad! Sus suelos estaban cubiertos de tréboles, abundantes acelgas por donde paseaban gallos y gallinas, perros, gatos, cerdos, burros y caballos, ganados vacuno y ovino.

Pero también había días muy nublados. Cuando empezaban las lluvias torrenciales del cielo, se iluminaban los rayos y tronaba truenos ensordecedores. Pero lo bueno es que pasan las tormentas, como pasan los problemas. El cielo se despejaba, salía un arcoíris precioso, con un sol radiante y sonriente, y los pajarillos revoloteaban, al igual que las perdices y las palomas.

CAZADOR DE PUNTA FINA

El panorama era fascinante. Don Alejandro cogía su escopeta seguido por sus hijos, Ángel y Álex, y se internaban en los montes a cazar venados, vizcachas o perdices. Apenas divisaba una presa, la cazaba. Ni bien llegaban a casa, doña Fortunata preparaba deliciosos potajes que compartían con sus vecinos y familiares. Siempre tenía su escopeta y portaba una pistola, seguramente por eso nadie lo asaltó. Era un hombre de armas tomar, decidido y valiente.

NOCHES INOLVIDABLES EN QUILLCÁN

Definitivamente, el fútbol fue la gran pasión de Don Alejandro. Lo trasmitía a quienes conocía, empezando por sus hijos, familiares y colaboradores.

Cuenta su hijo mayor Ángel:

—Todos los días salíamos muy cansados de trabajar y cenábamos temprano, entre las 6 y 7 de la tarde. Mientras terminábamos de merendar en la cocina, mi papá se dirigía a la sala y poco después toda la pampa de Quillcán estaba iluminada por sus lámparas Petromax. Él siempre formaba el equipo de San Juan con los primos, mientras que los peones hacían el equipo de Matará. Recuerdo mucho la primera camiseta deportiva que me compró: era del Cristal, una celeste. Noche tras noche la sudaba y eso lo alegraba en sobremanera.

Su sobrina Violeta, hija de su hermana Laura, hoy residente en Estados Unidos, evoca esos tiempos:

—En la pampa de Quillcán no solo jugaban fútbol los hombres ni solo los adultos. Jugábamos todos, primos, tíos, dueños y peones, noche tras noche. Como si fuésemos chiquillos, hacíamos rondas, jugábamos a las escondidas, ratapuche, la fruta, la pega, la estatua, el ángel del cielo con una bola de oro y el diablo con cinco mil cachos, San Miguel y muchas cosas más. ¡Mi tío Alejandro nos unía a todos!

CINCO HUACHACAZOS

En las tardes resplandecientes de Quillcán, antes de la puesta del sol y luego de finalizar sus faenas diarias, don Alejandro solía jugar casino (naipes) con sus hijos todas las tardes, sobre rumas de costales extendidos que servían como tapete sobre el patio de su casa, comiendo trigo tostado con queso.

Él era campeón jugando con sus amigos, a tal punto que la gente decía:

—En vez de jugar con el Chato, mejor le entrego la billetera.

Acostumbraba a jugar a los naipes con sus hijos, pero sin dinero, para evitar que cayeran en el vicio de las apuestas. Nunca se dejaba ganar y así les enseñaba que en esta vida se gana y se pierde. Además, aprendían a tener buena memoria y a llevar cuentas mentalmente. Quizá fue el motivo de que siete de sus diez hijos resultaron ingenieros.

Llamaba "huachacazos" a sus partidas de naipe, palabra quechua que significa "correazos".

Años más tarde, cuando ya vivían en Lima con su familia, una noche, después de sus labores, se puso a jugar con sus hijos varones. Esa noche, su hija Julia se acostó temprano, porque al día siguiente tenía examen en la universidad. Julia trataba de dormir en vano. Las risas y las bromas que hacían su padre y sus hermanos al jugar casino la interrumpían. Ya era medianoche y escuchó decir a su padre: "Vamos a jugar los últimos cinco huachacazos". Julia se levantó y les dijo: "¿Cinco huachacazos? ¿Entonces a qué hora voy a dormir?". Don Alejandro quería mucho a sus hijos y de inmediato terminó el juego.

> "Tomar la vida con buen sentido del humor es una receta infalible para ser feliz".
> —Anónimo

UN HOMBRE FUERA DE SERIE

Don Alejandro era muy ingenioso. Cuando viajaba de Pampas Grande a Lima llevaba gran cantidad de quesos que preparaba doña Fortunata tras ordeñar a sus vacas lecheras. También llevaba sacos de papas, trigo y cebada, para compartir con amistades y familiares y hacer negocios. En el trayecto, se detenía en la hacienda El Molino, cerca de Huarmey, en la casa de su amigo Jhovani Terlevich, un yugoslavo muy correcto y sonriente, que la administraba. Con él compartía sus cosechas y de él recibía hospedaje y ayuda. Igualmente, acudía a la casa de su amigo Quirino Melgarejo, en Huarmey, otro de sus grandes amigos, a quien quería como a un hermano.

Nunca llegaba con las manos vacías a ningún sitio. Era muy generoso. Al retornar de Lima a Pampas Grande también llevaba bizcochos, dulces y galletas por cajas, conservas por docenas y frutas por costales para compartir con niños y adultos. Por eso era muy querido.

Un vecino de Pampas Grande recuerda esos tiempos: "Si llegaba el tío Alicho, llegaba la bendición de Dios".

> "Serrano: si tan solo hubiera diez peruanos como tú, otro sería el Perú".
> —Jhovani Terlevich

PAPAS CON VITAMINAS A, B, C, D... HASTA LA Z

Testifica su hija Edith, Ingeniera de Petróleo:

La diferencia que había entre mi papá y los demás pobladores de Pampas era que él sembraba, trabajando arduamente, con gran fe en Dios de que va a llover, en cambio los demás miraban al cielo y decían: "este año no va a llover, va a ser mal año", y se cruzaban de brazos.

"Mi papá en cambio trabajaba tanto que creo que Dios al ver su esfuerzo se compadecía y mandaba el agua del cielo y hacía germinar la tierra. Nunca he visto tanto dinero en mi vida: en 1984 lo acompañé en una de sus cosechas, sacaba papas por camionadas y cuando vendíamos le pagaban tanto dinero que se llenaban en costales".

Cuentan que un vendedor pesimista fue a vender calzados al África. Al poco tiempo envió un telegrama: "Voy a retornar, aquí nadie usa zapatos". En cambio, un vendedor optimista escribió: "Envíen más calzados, aquí todos necesitan zapatos".

En esta vida todo depende de la actitud frente a las cosas. Don Alejandro sabía que en la selva peruana casi nadie consumía papa, de manera que se marchó a comercializar sus papas en la Amazonía del Perú. Las transportaba valientemente en tráileres por toneladas. Con su hijo David llegaba a las ciudades haciendo propaganda con un micro parlante: "¡Papas! ¡Papas! ¡Papas! ¡Con vitaminas A, B, C... hasta la Z!". La gente se reía y compraba el producto.

También se sabe que don Alejandro, ingeniosamente, llevaba a vender sus cosechas de cebada al hipódromo de Monterrico de Lima para los caballos de pura sangre y percibía buenas ganancias. Así se convirtió en el mejor agricultor de todos los tiempos de Pampas Grande.

Señala su primo Manuel Castillo Ardiles:

—Increíblemente, mi primo Alejandro pudo hacer harto dinero en un lugar agreste como es Pampas, a más de 3500 metros de altura, lleno de espinas, cerros empinados, alejado de los ríos y solo con contados riachuelos. Para la agricultura se dependía solo de las lluvias del cielo. No existía ningún avance tecnológico ni carreteras.

Así, hizo dinero en medio de la nada, convencido de que: "Todo esfuerzo es recompensando y la voluntad es el límite".

Fue así como se convirtió en el mejor Agricultor-Ganadero de todos los tiempos, ocupó un cargo de honor: Presidente de la Asociación Agraria de Conductores Directos de la Zona de las Vertiente de Ancash, que abarcaba cuatro distritos: Pira, Cajamarquilla, Huanchay y Pampas Grande. Ejerció el cargo con mucho entusiasmo y apoyó a los criaderos y agricultores para que produjeran más y recibieran préstamos del Banco Agrario.

Incluso, don Alejandro dejó un pedido al Congreso de la República para que se estableciera una ley que favorezca a los albañiles. De esta forma, podrían tener techo propio. Pensaba que no era justo que, construyendo tantas residencias, mansiones y edificios, ellos no tuvieran casa propia. Asimismo, hizo otro pedido: una ley a favor de los agricultores, para que los productos alimenticios tengan un precio justo, dado que ellos trabajan en lo más importante para el ser humano: la alimentación

"El hombre sabio es fuerte,
y de pujante vigor el hombre docto."
—Proverbios 24:5

05

INTERVINO EN LA POLÍTICA PARA SERVIR Y SIN PERCIBIR HONORARIOS

Muchas personas creen que solo los desocupados se interesan por servir a su comunidad. En realidad, sucede al revés. Actuemos como dijo John F. Kennedy "No te preguntes qué puede hacer tu país por ti, pregúntate qué puedes hacer tú por tu país".

GOBERNADOR DE PAMPAS

En 1954, a los 36 años, don Alejandro Ardiles ya ejercía liderazgo social por su alta credibilidad, buena elocuencia y gran poder de convocatoria. Pampas Grande lo eligió Gobernador (un representante del Presidente de la República). En esos tiempos, las autoridades no percibían ningún tipo de honorarios; por el contrario, con frecuencia debían sacrificar su patrimonio para cumplir las obligaciones del cargo.

Don Alejandro utilizó dinero de sus propios bolsillos para realizar obras públicas, sacrificando horas de descanso, venciendo una serie de dificultades y renunciando a sus intereses y deseos personales. Sirvió con generosidad, sin buscar beneficio alguno, como deberían actuar siempre los políticos en un escenario ideal.

Entre sus más importantes obras de aquel periodo encontramos:

- Consideró fundamental, en los jóvenes, la educación y el deporte. En consecuencia, formuló y gestionó una propuesta para crear el primer colegio de secundaria de Pampas Grande y de toda la cordillera Negra, bajo el lema: "La educación es la mejor arma de lucha contra el atraso y la pobreza".

- Organizó el primer campeonato interbarrios de fútbol en el distrito de Pampas, con la participación de equipos de La Victoria, Shancac, Matara, Chorrillos y San Juan. El campeón fue este último, patria chica de don Alejandro.

- También realizó el primer campeonato inter-distrital de fútbol de la zona de la vertiente occidental de la cordillera Negra de Los Andes, con participación de cuatro distritos: Pira, Cajamarquilla, Huanchay y Pampas Grande.

DON ALICHO A LA ALCALDÍA

Como era un hombre con mucha fe en Dios, íntegro y trabajaba con excelencia, fue elegido Alcalde de Pampas Grande en dos periodos consecutivos: 1961-1962 y 1963-1964. Su excelente gestión fue reconocida no solo por la población local, sino también por las autoridades de los distritos vecinos y Huaraz, capital de la región de Ancash, debido a su eficiencia y honestidad.

Plaza de Armas de Pampas Grande, antes de ser Alcalde don Alejandro Ardiles.

Don Alejandro descolló entre los gobernantes locales de la provincia de Huaraz, a pesar de que en esos tiempos era extremadamente difícil ganar prestigio provincial, pues solo para llegar de Pampas Grande a Huaraz se requerían como mínimo dos días de viaje en caballo.

> "Su señor le dijo: Bien, buen siervo y fiel; sobre poco has sido fiel, sobre mucho te pondré..."
> —Mateo 25:23

SU OBRA CUMBRE

Ejecutó múltiples obras, pero la obra cumbre de don Alejandro fue, sin duda, la gestión, el diseño y la construcción del primer Colegio Secundario ubicado en Pampas Grande, el futuro Colegio Nacional Mixto San Jerónimo, creado en 1964. Para lograrlo, realizó innumerables gestiones ante el Congreso de la República, el Ministerio de Educación de Lima y el Palacio de Gobierno. Se entrevistó con el entonces presidente de la República: el Arquitecto Fernando Belaunde Terry, gracias a la intermediación del Diputado aprista Saturnino Berrospi Méndez, quien era su amigo.

Inauguración del primer Colegio de Secundaria de la Cordillera Negra de los Andes: "San Jerónimo", Pampas Grande, 1963.

Su primo Manuel Castillo Ardiles trae a la memoria aquel encuentro:

—Fuimos a Palacio de Gobierno, bien bañados y enternados, ocho primos hermanos Ardiles. Entre ellos, Alejandro, Augusto, Guillermo, Juan, Julio y yo, y su hijo Bernabé, con apenas 5 añitos, en representación de la niñez pampasgrandina.

Su hijo Alex puntualiza:

—La construcción del local que hoy es sede del Colegio Nacional San Jerónimo no tendría mayor importancia si no se tiene en cuenta que en esa época la Municipalidad no contaba con presupuesto alguno para realizar obras de esa magnitud. Su gran liderazgo y su capacidad de mi padre para organizar el trabajo en equipo, comprometiendo la participación de cada uno de los caseríos, fueron los factores que permitieron realizar ese gran proyecto.

Audazmente convocó a la población pampasgrandina para decirle: "Vamos a colocar la primera piedra del colegio secundario". Casi todos imaginaron que iban a comer y bailar gratis, porque don Alejandro hizo matar su toro y contrató una banda de músicos. Sin embargo, lo que encontraron fue un discurso motivador en quechua y en español, que los invocaba a trabajar en forma organizada, luego recién dio una buena comilona para los trabajadores voluntarios. Cada caserío debía construir un aula y prometió un premio para el que terminara primero. Según su sobrino Román, ofrecía la suma de mil soles al primer caserío que terminara de construir el aula del colegio. Era dinero de su propio bolsillo, que al cambio actual representa unos diez mil dólares. Así incentivó la sana competencia entre caseríos.

Acto seguido, se encargó personalmente de donar libros, muebles y útiles para el Colegio San Jerónimo, primer Colegio de Secundaria de la Cordillera Negra de los Andes, que empezó a funcionar en 1965, bajo la dirección del profesor Hernán Arguedas Loli. De esa forma, buscaba que el colegio sirviera como ejemplo para los distritos vecinos.

Don Alejandro era un convencido de que la mejor vía al progreso es el estudio, por eso incentivó a los jóvenes a estudiar más. Para esto, implementó dos galardones con premios generados desde su propio peculio:

- **El Premio "Lapicero de Oro"**, que obsequiaba una pluma con los nombres grabados de los primeros puestos de cada promoción.

- **El Premio "Dinero en efectivo"** para los exalumnos que ingresaban a las mejores universidades del país, como la Universidad Nacional Mayor San Marcos, la Universidad Nacional de Ingeniería y Universidad Nacional Agraria.

"Los líderes primero piensan y actúan, y después sienten".
—Anónimo

PROMOVIÓ EL DEPORTE EN PAMPAS

Fue un ícono del deporte en Pampas, según testifica su primo hermano Manuel Castillo Ardiles:

—Alejandro practicó diversos deportes y siempre le gustó ser el mejor. Deporte que había en Pampas, él ya lo había practicado. Daba la sensación de que era invencible. No exagero. Me atrevo a retar a sus diez hijos y decirles que ni los diez juntos lo igualan. Durante las Fiestas Patrias en Pampas Grande se organizaban actividades deportivas y todo el pueblo participaba. Alejandro competía en todas: era número uno en carreras, salto largo y salto alto. A pesar de que era de estatura mediana, su equipo siempre ganaba. Un día de esos apareció un hombre muy alto, también de Pampas, que se llamaba Jerónimo y pertenecía a la Marina de Guerra. Jerónimo era campeón de box y lo desafió a boxear. Alejandro estaba muy cansado después de haber competido todo el día, pero aun así aceptó. Alejandro era bajo, pero más ágil y bien pícaro. En un abrir y cerrar de ojos, Jerónimo estaba tendido en el piso. Fue tan fuerte el golpe que la gente tuvo que ayudar al vencido a sobreponerse. Su vitalidad era tanta que al día siguiente de practicar deporte se levantaba muy temprano. Cuando la gente seguía durmiendo, Alejandro ya estaba regresando de la chacra, trayendo cañas del maíz y alimentos para sus animales. Trabajaba arduamente, se alimentaba muy bien, practicaba deporte, porque estaba convencido de que **"la ociosidad es madre de los vicios"**.

Fundó en Lima la institución deportiva llamada, "Unión Deportiva Pampas Grande" (UDP), integrada mayormente por sus primos Ardiles. Más tarde trasladó dicho club a Pampas Grande, donde sirvió como ejemplo para la organización de otras instituciones deportivas. Organizó campeonatos inter-distritales, estimuló esa práctica en los niños, adolescentes y jóvenes, obsequiándoles pelotas, uniformes y chimpunes.

Su sobrino Hugo Aguilar cuenta: Mi tío Alejandro era el alma de UDP, cuyos adversarios clásicos eran el CDP, el Centro Social y el Sport Progreso.

Estos equipos de fútbol marcaron la época de oro en los campeonatos interclubes de nuestro pueblo; mientras que en los de interbarrios brillaban San Juan (el equipo de sus amores y único que llegaría a disputar en Huaraz la final departamental de la Copa Perú en los años 70), Chorrillos, Shancac y Matara, la "sombra" eterna de "San Juan".

"Dad y se os dará"
—Lucas 6:38

06

UNA VIDA ESPIRITUAL VIGOROSA, UNA FAMILIA UNIDA Y FELIZ

Cuando era chica, observaba a mi padre arar campos que nunca habían sido cultivados. En la primera pasada, aparecían piedras grandes, él las acarreaba. Este proceso seguía una y otra vez para romper el terreno. En cada ocasión, aparecían piedras más pequeñas, que él arrojaba a un costado. Se requerían muchas pasadas para arar bien el campo.

El crecimiento en la gracia de Dios es un proceso similar que se inicia cuando rendimos nuestra vida a Él. Pueden aparecer unos pecados grandes, luego con los años, cuando la palabra de Dios penetra, llega a nuestro ser más profundo el espíritu santo, quien saca a la luz otros pecados. Dios nos revela cada pecado para poder desecharlos y sanarnos.

Es importante tener en cuenta, que todos los seres humanos somos alma, cuerpo y espíritu; cuerpo es todo lo visible y tangible; el alma es el centro del pensamiento, los sentimientos y las emociones; y el espíritu es el que se conecta con Dios.

Normalmente todos alimentamos nuestros cuerpos tres veces al día: desayuno, almuerzo y comida. Alimentamos también nuestras almas estudiando y adquiriendo conocimientos con la vida diaria. Pero descuidamos nuestro espíritu, sin saber que **la primera decisión más importante de un ser humano es rendir su vida a Dios** porque eso nos asegura ¡la vida eterna y acá en la Tierra una vida exitosa y feliz!.

Don Alejandro rindió su vida a Dios debido a que una tarde de sol brillante de 1965 en Quillcán, estaba vacunando a sus reses contra diferentes enfermedades mortales, como el ántrax o carbúnculo, la fiebre aftosa, la tuberculosis y la mastitis. Sin darse cuenta, se frotó el párpado derecho con el algodón que contenía restos de una vacuna y al día siguiente amaneció con el ojo hinchado. Entonces, muy preocupado, decidió acudir al pueblo de Pampas en busca de ayuda médica.

—Fue la única vez en mi vida que mi padre montaba en el caballo y yo iba a pie adelante llevando la soga del animal. Quería hacerle conversación, pero como nunca, mi padre estaba silencioso. Apenas decía: "Sí, no, tal vez". Recuerdo que en ningún momento me trasmitió su preocupación. Ya de grande me enteré de la gravedad.

Don Justino Sánchez, su gran amigo, le dio los primeros auxilios. Pero, como el caso era grave, su hermana Laura lo hizo trasladar a Pariacoto en camilla, y luego lo embarcó a Lima en ómnibus. Cuando llegó a la capital parecía un monstruo: la infección había avanzado en forma explosiva, hasta darle la apariencia de tener dos cabezas. Felizmente fue internado en la clínica Maison de Santé, donde lo salvaron de milagro.

Su cuñado Porfirio Valenzuela lo acompañó en esos momentos:

—No pude dormir nada la primera noche en que Alicho se internó, porque los médicos me informaron que la infección

Cuñado Porfirio Valenzuela, Su esposa Doña Fortunata, su sobrino Edgardo Fiorito, su hermana Antonieta y su hermano Gregorio.

avanzaba aceleradamente hacia su cerebro y que, por lo mismo, tenía pocas probabilidades de vida. "Prepárense para lo peor", me dijeron. Entonces él ya tenía ocho hijos menores.

Al encontrarse postrado y moribundo, don Alejandro sintió que el mundo se le venía abajo. Estaba afiebrado y sin fuerzas ni para hablar, pensando que pronto moriría. En esas circunstancias, se acordó de unos hermanos en la fe: don Demetrio Támara y doña Dionisia, que en Pampas le habían hablado sobre el poder infinito de Dios, y que Él puede sanar toda enfermedad, siempre y cuando el hombre reconociera que es pecador, que se arrepintiera y entregara su vida a Dios. Recordó que, si llevaba a cabo estos pasos, Dios actuaría y le concedería todos los deseos de su corazón.

Fue entonces cuando aceptó a Dios, recibiéndolo en su corazón. Lo hizo con fe, tomando a Dios como su médico celestial, bajo la siguiente convicción: "Cuando el hombre ya no puede hacer nada, Dios empieza a actuar".

> "Porque nada hay imposible para Dios"
> —Lucas 1:37

Mejoró rápidamente en forma milagrosa. Tanto así que una tarde se escapó de la clínica en pijama para ir al Estadio Nacional a presenciar al gran Pelé, Rey del Fútbol.

Más adelante, se bautizó en el estanque de Pucaquita en Pampas. En tributo a ese milagro donó un piano a la Iglesia Evangélica de Cristo en Pampas Grande, para entonar las alabanzas a Dios. Lo mandó llevar por intermedio del misionero Walter Erickson. Desde esa fecha en adelante cambiaría radicalmente las prioridades de su vida: primero Dios, luego su familia y su trabajo.

> "... al que cree todo le es posible".
> —Marcos 9:23

SU ESPOSA, SU AYUDA IDÓNEA

La segunda decisión más importante en la vida de un ser humano es elegir una buena pareja. Don Alejandro fue sabio en elegir a doña Fortunata como esposa, pues era muy parecida a la descripción de la mujer virtuosa del capítulo 13 del libro Proverbios de la Biblia. Era muy laboriosa, servicial, atendía como una abeja a sus hijos, sobrinos y cuanta gente que llegaba a su casa, tanto en Pampas como en Lima. Extendía la mano al menesteroso, veía que sus cultivos marchaban bien, tejía colchas dobles para sus hijos, servía a sus criados.

La recuerda así su sobrino Reynaldo Trinidad, reconocido periodista del Perú, director fundador de la revista *Agronoticias*:

—Las ollas de mi tía Fortu parecían que no tenían fondo. Servía a todos a quienes entraban a su casa.

Su hija Elena la evoca de esta manera:

—Vi de cerca a mi madre, una mujer virtuosa que tenía un esposo muy enamorador. Él siempre galanteaba a las damas. Pero ella, en vez de querer cambiar a mi padre o hacerle escenas de celos, hincó sus pies a Dios. Oraba por su esposo y Dios la mantenía lúcida y saludable, con un hogar estable. Dios libró a mi padre de malas mujeres y muchas peripecias, gracias a las plegarias de mi madre.

Testifica doña Fortunata:

—Cuando Alejandro se iba a Lima, yo me quedaba en Quillcán cuidando a nuestros hijos, los animales y los sembríos. Mi rutina diaria consistía en dirigirme al puquial de Huiyó a traer agua en barriles con los burros, porque pesaban demasiado cuando estaban llenos de agua. Yo sola los cargaba a los burros para transportarlos hasta la casa. Lo bueno de Alejandro era ser un hombre muy precavido e inteligente. No solo se preocupaba por él, sino también por todos nosotros. Por esta razón, llevó a Quillcán de Lima varios cilindros y planchas de calamina que convirtió en canaletas y las instaló exactamente debajo del filo del lindero del tejado de la casa. Así aprovechábamos la caída del agua de las lluvias que se almacenaban en los cilindros. Esta agua era muy útil para todo. Cuando tenía que lavar las ropas, íbamos a Huiyó.

Allí también bañaba a mis hijos y aprovechaba la ocasión para corregirlos. Cuando estaban calatitos, les daba un palmazo en el poto, diciéndoles fuerte: "¿Pichucunquiraccu?", palabra quechua que significa: *"¿Te vas a volver a ensuciar?"*. En cambio, cuando Alicho bañaba a nuestros hijos, los hacía jugar, reír, saltar y chapotear. Amaba demasiado a sus hijos, era muy amoroso. Por ese motivo, nadie deseaba bañarse conmigo.

Don Alejandro junto a su amada esposa Fortunata y su hijo Alex.

Como ambos tenían mucha fe en Dios, diario se ponían de acuerdo para sus actividades, Cristo era la cabeza de su hogar, oraban en todo tiempo, especialmente antes de los alimentos en las mañanas y noches, hacían cultos o devocionales en su casa, producto de ello tuvieron 10 hijos conformando una familia unida y feliz.

LA EDUCACIÓN: LA MEJOR HERENCIA PARA LOS HIJOS

Don Alejandro sabía que un país no es rico porque tenga diamantes o petróleo. Un país es rico porque tiene educación. Educación significa que, aunque puedas robar, no robas; que si uno pasa por la calle y la acera es estrecha, uno debe ceder el paso y decir "disculpe". Educación es agradecer la factura en una tienda o servicio, dar la propina justa. Un pueblo es rico gracias a la educación, pues es el vehículo para el desarrollo de toda persona y nación, fue por eso que no escatimó ningún esfuerzo ni gasto para la educación de sus hijos.

En 1960, su hija mayor, Marcela, ganó una beca para estudiar gratis en Huaraz tras alcanzar el primer puesto en la Escuela Primaria de Pampas. Cuando Marcela, contenta, le entregó la beca a su padre, él le respondió:

—No, hija, no vas a estudiar en Huaraz, porque allí te puedes casar con cualquier borracho, te voy a llevar a Lima.

Don Alejandro tenía una visión más grande para ella y sus hermanos: llevarlos a Lima a estudiar en los mejores colegios y universidades de Lima. Con astucia, compró en Lima, en la urbanización Ingeniería, dos lotes juntos y mandó construir su casa propia, cerca de la Universidad de Ingeniería. Motivo por el cual siete de sus diez hijos son ingenieros.

Inicialmente, viajaron junto a su sobrina Coty, hija de su hermana Laura. Ya en Lima, se hospedaron en Breña, en casa de su hermana Antonieta y su cuñado Porfirio Valenzuela. Años más tarde, se mudaron a su casa propia de la urbanización Ingeniería y Marcela se graduó con el primer puesto de la promoción del colegio y recibió Diploma de Excelencia en la GUE Elvira García y García de Pueblo Libre. Con ello dio honor a sus sacrificados padres y un buen ejemplo para sus hermanos menores, quienes culminaban sus estudios exitosamente cada dos años.

CÓMO UNIÓ FÉRREAMENTE A SU FAMILIA

Siempre repetía a sus hijos: "Ustedes son diez, pero para mí son solo uno; si tienen un pan, compártanlo". Don Alejandro integraba a su familia a través del amor a Dios y al deporte, también organizaba paseos familiares semanalmente. Sacrificaba su tiempo e iba a recoger a sus hijas que no tenían movilidad con tal de estar con sus diez hijos. En verano, se dirigían a las playas del norte o del sur.

Asistían a la hermosa playa Santa Rosa, que en ese tiempo era exclusiva para los militares, pero ingresaban gracias a su hijo mayor Ángel, quien era médico militar asimilado. Para estos viajes iban en dos

Ardiles Fútbol Club. Parados: Ángel, César, AAC, Carlos; de cuclillas: Alex, David y Bernabé. De calichín su nieto Pedro David.

Paseo familiar.

carros, apretados como sardinas, pero felices. Solían llevar su propio almuerzo, sabrosos potajes en grandes ollas que se servían sentados en círculo, luego de orar. Después de una corta siesta, jugaban partidos de fulbito, campeonatos mixtos de vóley, básquet y natación, mientras los chiquitos hacían castillos de arena. Eran tardes muy placenteras.

En invierno, iban al parque recreacional El Naranjal. Visitaron ese lugar durante más de diez años consecutivos. Realizaban competencias y don Alejandro hacía de jugador o de "árbitro muy parcial", como se autocalificaba riéndose. Asimismo, su hijo Alex formó con sus cinco hermanos el equipo de fútbol llamado "Ardiles Fútbol Club": Ángel, Alex, Bernabé, David, César y Carlos. El coach era su papá. A los partidos iban con mente ganadora.

Conforme pasaba el tiempo, fue mejorando la economía de su familia, gracias a que sus hijos empezaron a trabajar. Ya no llevaban comida preparada, iban al centro de esparcimiento de la compañía de teléfonos Cervatel, donde su hijo Bernabé era Gerente Junior. "Los Ardiles" eran conocidos por ser muy unidos. Los hijos de don Alejandro invitaban a equipos rivales para competir contra "Ardiles Futbol Club". Los Ardiles tomaban estos duelos muy seriamente. Ganaban sí o sí, difícilmente perdían.

Los más deportistas fueron su hija Edith, quien era buenaza en el básquet y también en el box, a todos los chicos de su edad, sea hombre o mujer, los derribaba, algunos de ellos son ahora militares; su hijo Carlos, a quien le decía que jugaba como Maradona porque era un buen goleador.

Y su hijo mayor, Ángel, también heredó su pasión por el fútbol, tanto que llegó a formar parte del seleccionado de la Facultad de Medicina San Fernando de la Universidad de San Marcos. Ángel relata:

—Un sábado en la mañana, le dije a mi padre y a mis hermanos. "Voy a jugar hoy contra Alianza Lima en el estado de Matute". Ellos no me creyeron pensando que estaba bromeando, pero de todas maneras les di la dirección y me fui. Cuando ingresé al gramado con el equipo de San Fernando, vi a mi viejo sentado orgulloso en la tribuna junto a algunos de mis hermanos. Esa mañana salí de capitán contra el Alianza Lima. Su lección de deportista y triunfador lo había aprendido hace mucho tiempo.

Pasaba tiempo de calidad con su familia y eso le conllevó a tener una vida sana. "Estar sano en cuerpo y mente" es un requisito esencial para convertirse en una persona exitosa. Todos hemos experimentado que el más mínimo problema afecta al rendimiento en el trabajo. Por eso, es importante mantener un equilibrio en la vida y controlar nuestros hábitos de alimentación, sueño, recreación y ejercicio. De modo que nuestra mente y cuerpo siempre estén en forma.

Se sabe que es importante ser sociables y participar en reuniones, pero es bueno tener cuidado en retirarse temprano para no perder horas de sueño.

¡PERÚ CAMPEÓN!

En 1970 y 1978, cuando Perú se clasificó para el Mundial, solía ver los partidos reunido con toda su familia, tan concentrado que podría haber firmado un cheque en blanco, no quería que nadie le interrumpa. El ambiente era de fiesta, alegría y tensión. Fueron años de gloria del balompié peruano. En las calles se coreaba el vals "¡Perú Campeón!

Estar en la casa de Lima de don Alejandro era como estar en la misma sede del campeonato mundial. Del mismo modo sucedía cuando jugaba el equipo de vóley peruano. Lo anecdótico era que los hijos varones, no querían que las mujeres vieran los partidos. Decían: "Papá, qué las mujeres no vean porque van a salar a nuestro equipo".

Don Alicho sonreía y decía:

"¡Cállense! Eso no es verdad. Mis hijas tienen que ver. "Él no hacía distinción de sexos.

Cuando ganaba el Perú, salía en su camioncito con todos sus hijos y los vecinos a gritar: "¡Perú, Perú, Perú!", cantando el himno: "!Perú Campeón, Perú campeón, es el grito que hace palpitar mi corazón. Perú campeón, Perú Campeón ♪ ...hay que ir a luchar al mundial con el lema Perú va a campeonar, venceremos a todo rival"! ♪

Incluso les enseñó el deporte del box a sus hijos, hombres y mujeres, para que todos supieran defenderse. Por tradición, "ser Ardiles" significa tener amor a Dios, al estudio, al deporte y al trabajo. Su mejor legado fue dejar a sus hijos unidos y felices.

> "Mirad cuán bueno y delicioso es
> ver a los hermanos juntos y en armonía"
> —Salmos 133:1

07

CONSEJOS SOBRE CÓMO SER UN BUEN PADRE

Un niño que ha sido protegido y habitualmente se le ha dado todo lo que él quiere desarrolla una "mentalidad de tengo derecho a todo" y siempre se pone a sí mismo en primer lugar, ignorando completamente los esfuerzos de sus padres. Si somos este tipo de padres protectores, ¿realmente estamos demostrando el amor o estamos destruyendo a nuestros hijos? Puedes dar a tu hijo una casa grande, buena comida, clases de piano, ver una gran pantalla de televisión, pero cuando estás cortando el césped, por favor que él también lo experimente. Después de comer que lave sus platos junto con sus hermanos y hermanas. No es porque no tengas el dinero para contratar quien lo haga, es porque quieres amarlos de la manera correcta. No importa cuán rico seas, lo que es necesario es que ellos lo entiendan. Un día tu pelo tendrá canas. Lo más importante es que tus hijos aprendan a apreciar el esfuerzo de los demás y tengan la experiencia de la dificultad y aprendan la habilidad de trabajar con los demás y hacer las cosas a satisfacción.

Lo importante es que tus hijos en un futuro sean personas que puedan apreciar la ayuda de los demás, que sean personas que reconocen y conocen los sufrimientos de los demás para hacer las cosas y que sean personas que no ponga el dinero como su única meta en la vida. Que lleguen a apreciar la importancia y el valor de ayudar a la familia y en la comunidad. Esto es lo que logró don Alejandro con sus hijos brindando amor con firmeza y aplicando los siguientes consejos.

AMOR CON FIRMEZA

Les inculcó el amor por el estudio y por el trabajo. Cuando todos sus hijos estudiaban en Lima, al momento de hacer sus tareas, si alguien no quería estudiar, no los reprendía. Solo les decía: "El que no quiere estudiar, ¡a pastar chanchos o cabras en Acray!". Lo decía con tal seguridad que todos sus hijos se ponían a estudiar en silencio y en orden.

Asimismo, les dio responsabilidades. En 1969, aprovechando la ubicación estratégica de su casa de Ingeniería, en Lima, inauguró pequeños negocios que fueron administrados por sus hijos, mientras él continuaba trabajando en Pampas como ganadero y agricultor. Primero abrió una juguería, luego una bodega de abarrotes y, por último, inauguró una carnicería. Así, enseñó a su familia a valorar el trabajo y el esfuerzo que se requiere para llegar lejos.

Su noveno hijo, César, actual reconocido empresario ferretero, testifica:

—Recuerdo cuando mi papá llegaba de madrugada a la casa de Lima con una camionada de reses, y nos levantaba a todos diciendo que debíamos acompañarlo al camal para dar de comer a los animales. Yo decía dentro de mí: "¡Qué malo es mi viejo! ¿Por qué a esa hora, tres de la mañana?". Hoy le agradezco infinitamente porque sé que el esfuerzo es la única manera de lograr algo más en la vida. Recuerdo claramente cuando participaba en la "matanza" de los animales en el camal. Mi padre me instruía para evitar que los descuartizadores corruptos robaran parte de la carne. Yo era todavía niño (14) y tenía temor de ver la sangre de los animales, pero ahí estaba. Mi padre me hacía contar el dinero producto de la venta. Contaba con alrededor de diez mil dólares. Y tras verme terminar, me preguntaba: "Don Shesha, ¿has contado bien?". Y yo le decía, "Sí, papá. Está bien". Y él ya no recontaba el dinero. Era un padre que siempre te inspiraba confianza en ti mismo y, quizás sin darse cuenta, ya me estaba preparando para que yo fuera un hombre de negocios.

"El que escatima la vara odia a su hijo, más el que lo ama lo disciplina con diligencia"
—Proverbios 13:24

PAPÁ PRESENTE, ALUMNO EXCELENTE

La mayoría de los padres de familia en Pampas matriculaban a sus hijos en abril, luego recogían la libreta de notas en diciembre y finalmente los agarraban a correazos en sus casas porque sacaban malas notas. En cambio, don Alejandro supervisaba frecuentemente los estudios de sus hijos. Incluso solía visitar sus salones de clases para protagonizar diálogos como el siguiente:

—A ver, profesor Cochachín. Haga una evaluación a mi hijo mayor Ángel, para ver cuánto está aprendiendo.

—Muy bien, don Alicho. Le voy a tomar la lección a su hijo. A ver, Angelito, ¿no es cierto que las vacas dicen "muuuuu"?

—Sí, profesor.

—Angelito, ¿no es cierto que los gallos tienen pico y dicen "quiquiriquí"?

—Sí, profesor.

—¡Muy bien, Angelito! Tienes 20 de nota.

Don Alejandro llamaba la atención a esta clase de profesores poco imaginativos y pedagógicos, pero felicitaba públicamente a los maestros de primera. Además, exhortaba a todos los padres de su pueblo a visitar el colegio de sus hijos, incluso para levantarles la moral.

Como resultado de este interés de don Alejandro por los estudios de sus pequeños, todos resultaron profesionales.

CUIDABA LA AUTOESTIMA DE LOS HIJOS

Una mañana, don Alejandro fue a visitar el salón de su hija Elena y la profesora le dijo a la niña:

—Muéstrale lo que tienes en tus bolsillos a tu papá.

Elena sacó sus yaxes y la profesora acotó, severamente:

—Fíjese, don Alicho, ¡su hija siempre tiene sus yaxes! Se los voy a quitar.

Pero él contestó:

—El juguete para el niño es su tesoro. ¿Cómo va a hacer eso?

La profesora quedó avergonzada. Don Alejandro no ridiculizó a su hija. Más bien, la apoyó. Con los años, Elena se graduó como Trabajadora Social en la Universidad San Martín de Porres, hizo su Maestría en Proyectos Sociales en la Universidad Nacional Mayor de San Marcos y trabajo en una ONG Internacional, World Vision.

Su hijo David relata:

—Una faceta que quedó grabada en mi memoria es el carácter amoroso de mi padre. Cuando apenas tenía 4 ó 5 años, en una ocasión mi papá estaba en compañía de autoridades en la plaza de Pampas Grande y me acerqué a él como solíamos hacerlo. Mi papá me vio y me cargó en sus brazos sin ningún reparo. Yo estaba comiendo un plátano y tenía las manos embadurnadas de plátano. Papá asistía a un acto público y de pronto un trozo de plátano cayó en su camisa blanca. De manera instintiva quise retirar el trozo de fruta, pero al intentar limpiar la camisa terminé por ensuciarla más. Para mi sorpresa, papá no se molestó ni hizo gesto alguno, más bien se rio y continuó asistiendo al acto como si nada hubiera pasado. Ese gesto me dio mucha seguridad de su afecto por mí y guardo por él en mi corazón una gratitud profunda.

1986, 68 años. AAC en la fiesta de despedida de su hijo David con su esposa Fortunata

DABA AFECTO Y SEGURIDAD A LOS HIJOS

Cada vez que regresaba a su casa era una fiesta para ellos. Llegaba con el corazón henchido de amor y sus alforjas repletas de panes, arroz, bizcocho, frutas y otros víveres. Sus hijos intuían la hora en que retornaría. Percibían los chasquidos de los cascos de su caballo, trac, trac, trac, y todos dirigían la mirada hacia el camino, buscando su figura. Apenas la distinguían, salían corriendo como polluelos a darle el encuentro.

—¡Papaaá, papaaá! —coreaban con los brazos extendidos, queriendo tocarlo antes de que se apeara del caballo. A los más pequeños los subía en su regazo.

Cuando bajaba del corcel, había besos y abrazos para todos, entonaba las canciones de cada hijo, los balanceaba en el aire, los hacía bailar. ¡Era una verdadera fiesta! Los hacía sentir "dueños del mundo", porque gozaban de una ambiente sano y apacible. Tomaban leche fresca y humeante, recién ordeñada de sus vacas. Luego saboreaban queso fresco, con papas recién cosechadas. Montaban burros y caballos, junto con su papá.

ERA UN GRAN MOTIVADOR DE SUS HIJOS

Siempre motivó a sus hijos desde pequeños a "pensar en grande". Cuando doña Fortunata les decía a sus hijos: "Trabajen, aunque sea de basureros", don Alejandro la refutaba: "¿Cómo vas a decir eso? Mis hijos van a ser doctores e ingenieros".

A sus hijos varones les llamaba por "Don" o "Papacito", por ejemplo, don Bernabé, don Wiño, don Shesha y así. De esta manera, buscaba motivarlos y darles una personalidad definida y hacerlos sentirse especiales.

Un caso de éxito palpable fue en 1956. Cuando su cuarto hijo, Alejandro (Alex), apenas tenía 2 añitos, don Alejandro lo llamaba así hasta su vejez.

—¡Ah, nuna! ¡valiente peruano ingeniero! ¡A todos les gana en luchar!

Lo llamaba "ingeniero" en Quillcán sin tener la menor idea de lo competitivo que sería ingresar a la Universidad Nacional de Ingeniería estudiando en la Sierra y lo difícil que era estudiar la carrera de Ingeniería de Petróleo. Sin embargo, con el pasar de los años, su premonición se cumplió. Con el tiempo, su hijo Alejandro trabajó más de 25 años y llegó a ser Gerente Senior en la empresa multinacional Occidental Petroleum Corporation (OXY).

QUÉ HACÍA CUANDO SACAN MALAS NOTAS SUS HIJOS

"Nunca desanimen a un estudiante. Si saca mala nota, no lo castiguen, sino aliéntenlo diciéndole que son altibajos de la vida"
—AAC

Don Alejandro no practicaba la costumbre de sus tiempos: "la letra con sangre entra". En esa época, cuando un alumno se portaba mal, el profesor lo castigaba con una correa de tres puntas. Su hija Julia cuenta:

—Recuerdo como si fuera ayer cuando me entregaron por primera vez mi libreta de notas, el primer bimestre de transición. Al dármela, mi profesora hizo una seña con su pulgar derecho y se lo pasó por el cuello. A la hora de salida sonó la campana y llegó mi papá para recogerme con su caballo, "Galanteo", color rojizo, con patas y frente blancas. Lo vi guapísimo, pelo color castaño, ojos color miel y aún joven.

Le dije inocentemente, muy entusiasta:

—¡Mira, papá! Me dieron mi libreta de notas. No entiendo por qué mi profesora me hizo así —y pase mi pulgar derecho por mi cuello.

Entonces mi padre se rió:

—Ja, ja, ja. ¡Ah, Julia Josefina!, no hagas caso, hija. Sube al caballo.

Y me estiró sus brazos amorosos. Luego contentos, nos fuimos galopando.

¡Qué diferencia con la mayoría de padres! Cuando sus hijos sacaban malas notas, les decían: "¡Bruto! ¡Borrico! ¿Por qué no estudiaste?". Mi padre nunca hizo nada de eso. Y esa es otra de sus grandes lecciones.

¡CELEBRABA LOS LOGROS DE SUS HIJOS!

Celebraba los logros de sus hijos: cuando sacaban buenas notas, obtenían medallas, diplomas, etc. Uno de los acontecimientos trascendentales en su familia fue el ingreso a la UNI de su hijo Alex porque fue uno de sus sueños más preciados que tenía desde 1956 y se cumplió en 1970.

Otro fue cuando su hijo David (19) viajó a Alemania el 03/08/1982 con beca integral, después de rendir 5 exámenes compitiendo a nivel nacional con alumnos de colegios privados trilingües (alemán, inglés y español), él solo había estudiado en la GUE Ricardo Bentin del Rimac y estaba estudiando en la UNI. Fue una noticia que salió hasta en Radio Programas del Perú, "hijo de campesino viaja becado a Alemania a estudiar Ingeniería Electrónica".

Muchos episodios de éxito de sus hijos celebró durante su vida, su hijo Bernabé ingresó a la UNI en 1er puesto en su canal, también lo felicitaron en los diarios de mayor circulación.

Cada vez que celebraba invitaba a sus familiares más cercanos a una comilona y daba un discurso mencionando que todo venía de Dios. Celebraba a su vez, los cumpleaños de sus hijos. Está científicamente comprobado que todo ello mejora la autoestima de una persona.

Recuerda su hija Edith:

—Un 17 de enero festejaron mi cumpleaños y el de mi hermano David en las pampas de Quillcán. Esa madrugada me levanté por

3 de Agosto de 1982. Su hjo David se va becado a Alemania.

el sonido de las "turucpas" o tallos secos de trigo o cebada que sonaban como cuetecillos de Navidad al ser consumidos por el fuego, a la vez que quemaban las cerdas del marrano recién degollado. Todos los niños, curiosos, atónitos y alborozados al mismo tiempo, estábamos alrededor del chancho al que le estaban quitando las cerdas a fuego limpio. Después se desollaba al cerdo para preparar un gran almuerzo, que se compartía con los familiares y amigos de Quillcán. Entre tanto, cada 2 de febrero desfilaban cocineras pelando cuyes y trozando jamones, porque era el cumpleaños de su "ingeniero", de su Nuna, de su hijo Alejandro.

¡BÉSENSE! ¡ABRÁCENSE!

Cuando los hijos se pelean lo más común en esos casos es que los padres de familia impongan disciplina a ambos, les den un sermón como Dios manda o los castiguen para que no vuelvan a reñir. En cambio, don Alejandro los animaba con firmeza:

"¡Bésense y abrácense!
¡Ustedes son hermanos y no deben pelear nunca!"
—AAC

César (4), Edith (10) y Carlos (3) en 1971 en la ciudad de Lima.

Esta fórmula funcionaba y los hacia reconciliar de inmediato. Del mismo modo, les transmitía cariño pensando siempre en ellos. Y les demostraba ese amor inventando una pequeña canción para cada uno de ellos. Cada vez que los veía les cantaba, a cada uno su respectiva canción.

QUÉ HACÍA FRENTE A LOS BERRINCHES

De repente, uno de sus hijos se ponía quisquilloso: "¡Ah, a mí no me gusta esta comida!". Otro decía: "¡Está muy caliente la sopa!". Comenzaban a llorar

Lo común es que los padres corrijan: "¡Coman en silencio y punto!". Pero don Alejandro tenía otro método: sacaba la correa, sí, pero para calmar a sus hijos sin asustarlos. Decía con ingenio: "La correa sabe quién está llorando". Y la rotaba delante de cada uno de los comensales. Finalmente, decía riéndose: "Uy, la correa se detuvo frente a…", y mencionaba el nombre de alguien que estaba comiendo sin hacer problema. Entonces, el que había causado el alboroto comenzaba a reír, imaginando que iban a castigar a un inocente en su lugar. Y así, le pasaba el berrinche.

ENSEÑABA A LOS HIJOS A SER RESPONSABLES

Cuenta su hijo David, Gerente de la compañía Siemens, en Alemania:

—Una mañana, en Quillcán, mi padre me envío a Pampas con el caballo para prestarme la fumigadora de su amigo don Justino. "Vuelves rápido, hijo", me dijo. Porque necesitaba fumigar sus papas. Yo tendría 8 ó 9 años. Llegué al pueblo y me distraje con mis primos de mi edad y me puse a jugar. Después de almorzar, conseguí la fumigadora y retorné a Quillcán.

Encontré a mi padre furiosísimo, me resondró: Como a un ocioso me has hecho esperar toda la mañana, ¡sin hacer nada!

Después de fumigar sus sembríos, ya estaba oscureciendo, me hizo retornar la fumigadora a su dueño, a pie ¡hasta Pampas! Fui con miedo y a paso ligero, eran varias horas de caminata.

En el retorno, fui reflexionando: debí obedecerlo. Aprendí mi lección: ser responsable. Nunca más volvería a cometer el mismo error.

"Los hijos son un regalo del Señor; los frutos del vientre son nuestra recompensa"
—Salmos 127:3

EVITABA DECIRLES "NO" A SUS HIJOS

Es muy común en estos tiempos decir "No tengo tiempo" o "No tengo plata" a los hijos. Don Alejandro, a pesar de tener 10 hijos, fue siempre un hombre muy positivo. Se las ingeniaba para darles el mismo mensaje, con otras palabras: "Ya veremos, ya veremos", decía.

—Papá, tengo un viaje de paseo de mi colegio a Huancayo la próxima semana. Quiero ir.

—Hija, en esos paseos muchas veces ocurren accidentes, se vuelcan los vehículos. Es mejor ser precavidos.

—Papá, quiero comprarme un pantalón de moda.

—Veremos, hija, veremos.

—Papá, me duele la garganta.

—No hagas caso, no hagas caso. Ya va a pasar. Toma miel de abeja con limón.

—Papá, hay un partido de Perú-Brasil en el estadio. Hay que ir.

—Iremos, hijos, iremos.

PROCLAMABA POR FE LO BUENO

CASO ADMIRABLE: "DON SHESHA"

Su noveno hijo, César, era rebelde y contestón en la escuela. Por ese motivo, hicieron llamar a su apoderado, pero don Alejandro estaba de viaje y doña Fortunata acudió en su puesto. El profesor se quejó del mal comportamiento de César. Ella le dio autorización para que castigara a su hijo si se portaba mal. Pasó una semana y llegó la segunda citación. Otra vez acudió la madre y volvió a decir: "Le insisto, profesor. ¡Por favor, castíguele a mi hijo si se porta mal para que se corrija!". Y retornó a casa molesta por la vergüenza que había pasado.

A la siguiente semana, llegó la tercera citación. Esta vez obligaban que don Alejandro, su papá, acudiera a conversar con el maestro. Cuando regresó del colegio, todos sus hijos estaban alertas a su reacción. César se escondió. Pero contrariamente a lo que esperaban, cuando le preguntaron qué le habían dicho de César, él respondió en voz alta: "Que don Shesha es el niño más obediente del colegio". Todos se rieron y César salió sonriendo de su escondite. Así fue como César se corrigió y se convirtió en un gran empresario internacional.

DOSIFICABA A SUS HIJOS EL USO DE APARATOS DE CONTACTO VISUAL

Recientes estudios han demostrado que los aparatos de contacto visualllámese Tablet, Ipad, celular, incluido la televisión son dañinos para los niños menores de 2 años, debido a que les corta su concentración, los vuelve autómatas y a larga les produce déficit de atención, por ello es preferible el contacto humano con sus padres, familiares o amiguitos.

Increíblemente, don Alejandro, a pesar de su escasa educación, tenía todos los artefactos en su hogar, pero sabiamente no compró un televisor cuando sus hijos eran niños para que no se distraigan en sus estudios y tengan una buena base escolar. Así evitó que caigan en el vicio de las telenovelas, programas violentos y otros malos ejemplos.

LE DABA UN TIEMPO PARA CADA HIJO

Lo mejor que puede dar un padre a sus hijos es su tiempo. Don Alejandro, a pesar de sus múltiples ocupaciones, siempre se daba tiempo para cada uno de sus hijos.

Testifica su octava hija Edith, actual residente americana:

—Cuando ingresé a la Universidad Católica tuve la oportunidad de practicar muchos deportes y participar en diferentes campeonatos. Recuerdo que intervenía en la maratón de la universidad, que se realizaba todos los jueves, y, a pesar de ser bajita de estatura, no me amilanaba en absoluto. Para estar en forma, practicaba a diario al lado de mi padre, que me daba ánimos diciéndome que, si yo había corrido en Pampas Grande, cómo no iba a poder en Lima.

Él era mi hincha favorito y me hacía barra: "¡Ah! ¡Chola, ¡la chola!". Me aplaudía, reía y gozaba con mi participación, igual que cuando jugaba en los partidos de fulbito de la universidad. Definitivamente, heredé de él ser deportista".

ENSEÑÓ A SUS HIJOS A NUNCA RENDIRSE

Su hijo Ángel lo evoca de esta forma:

Cuando tenía 17 años, él me preguntó qué quería estudiar y no tardé en decirle "Medicina". Se asombró ante mi respuesta, porque —al parecer— me subestimaba:

— ¡Cómo puedes querer ingresar a Medicina! Si para eso se necesita alta nota. Ni tu hermana Marcela, premio de Excelencia, lo ha pretendido. ¿Quieres ingresar a San Marcos? ¡Hummmm!

Lo tomé como un desafío, recordando que algún día me había dicho: "¡Un hombre decidido no se rinde, siempre persigue sus metas!". Seis meses después, él fue el primero en saber que entre cinco mil postulantes ingresé en el puesto No. 25 a la Escuela de Medicina de San Marcos. Nadie sabía de este desafío personal que había asumido. ¿Acaso no aprendí su temprana lección?

INFUNDÍA CONFIANZA EN SÍ MISMOS A SUS HIJOS

Cuenta su hija, Julia:

—Veía que mi padre envejecía viajando continuamente a Pampas Grande, transportando sus cosechas y ganado. Por eso, un día pensé: "Cuando mi padre envejezca, ya no va a poder realizar ese arduo trabajo. Además, es muy arriesgado. Incluso podría volcarse o estrellarse en alguna carretera. Debo hacer algo para demostrarle cuánto lo amo, cuán agradecida estoy de él".

Fue el motivo que me impulsó a fundar una pequeña empresa llamada "Ferretería Ardiles". Allí trabajó manejando su camión para el reparto y el transporte de cemento, gas propano y diversos artículos de ferretería hasta que tuvo cerca de 80 años. Ahora adulta, admiro la actitud de mi padre frente a ese desafío que me había propuesto, en torno a la ferretería, porque recibí su apoyo total económico y emocional, que es lo más importante que puede transmitir un padre a sus hijos: confianza en sí mismos. Cuando nos desaniman se nos baja la moral y no hacemos nada. Él me animaba con su clásico: "¡Ah, Julia Josefina!".

A pesar de que era mujer y no tenía experiencia alguna en el empresariado, menos aún en el rubro de fierros, mi padre no me desanimó nunca. Por eso tuve el honor de ser la fundadora de "Ferretería Ardiles" a los 26 años, ya graduada de ingeniera industrial.

ERA SABIO PARA CORREGIR

Testifica su noveno hijo, César:

—Tengo un recuerdo que, en ese entonces, no fue grato. Yo administraba la Ferretería Ardiles que mi hermana Julia había fundado. Tendríamos un capital de cincuenta mil dólares. Una noche, sufrimos un robo que nos arruinó de un día para el otro. Todo mi trabajo de ocho años al frente de ese negocio se había convertido en nada. Mi padre se encontraba en la sierra. Yo estaba muy triste, desanimado y sobre todo con mucho miedo. Dentro de mí sabía que era el responsable por no haber asegurado el local. Todo se había perdido. Imaginaba que mi padre me castigaría por ese suceso, pero fue todo al revés. Cuando llegó de viaje, yo me escondí, pero él fue en mi búsqueda y me dijo: "Hijo, de chico yo fui pobre. Nunca tuve nada, pero con honradez, trabajo y fe en Dios pude avanzar en la vida. Ahora soy viejo, pero tú eres joven y tienes mucho por hacer". Esas palabras de mi padre me reconfortaron y me dieron nuevos ánimos para seguir adelante. Me enseñó de esa manera a tener actitud positiva frente a los obstáculos de la vida. Ya a mis 26 años realicé mis primeros viajes al extranjero. Recuerdo que mi papa me despedía y solía decirme:

"¡Con Dios y con juicio!"
—AAC

Don Alejandro corregía a sus hijos sabiamente porque se basaba en la Biblia.

Edith, su última hija mujer, se casó a los 34 años, y era muy apegada a sus padres. Su esposo, Jehiel Aguilar, era ingeniero de petróleo y trabajaba en una compañía norteamericana, Baker Hughes, asentada en Iquitos. Edith le pidió un consejo a su padre:

—Papá, yo no quiero ir a la selva. Hace mucho calor, hay zancudos. Además, yo quiero estar cerca de ustedes, acá en Lima. ¿Te parece bien que no viaje a Iquitos?".

Y don Alejandro le aconsejó:

—Hija, qué más quisiera yo que te quedaras en Lima. Pero tu deber es estar junto a tu marido. Tienes que viajar a Iquitos.

Don Alejandro con 3 de sus hijas (Elena, Edith y Julia).

"Los casados ya no son dos, sino una sola carne"
—Mateo 19:6

NUNCA MENTÍA A SUS HIJOS

"Al niño nunca se le engaña, porque si lo haces le estás enseñando a ser mentiroso. Si le prometes algo a un niño, por más insignificante que sea, cúmplele"
—AAC

En una ocasión, en el aeropuerto Jorge Chávez, don Alejandro y su familia se habían reunido a despedir a la tía Edith, que viajaba a Iquitos. Christian Daniel, su nieto de tres años, quiso seguirla y viajar con ella, porque nunca se había subido a un avión.

—Otro día vamos a ir a Iquitos, hijo —le dijo su papá—. Quédate, eres muy chiquito.

Pasaron las semanas y Christian Daniel reclamaba a su papá:

—¿Cuándo vamos a ir a Iquitos? ¿Cuándo vamos?

El papá estaba incómodo porque su trabajo como ejecutivo en la Compañía de Teléfonos no le brindaba tiempo para viajar.

Cuando don Alejandro se dio cuenta del caso, dijo:

—Nunca se le engaña a un niño. ¡Vamos, Christian! Yo te voy a llevar a Iquitos. Tu papá no tiene tiempo.

Y se lo llevó.

HAY QUE DARLE GUSTO AL NIÑO

Un día don Alejandro encontró engriéndose a su nieto Beremiz, hijo de su hijo Alex, pues no quería almorzar, primero quería que le compren su pizza y su gaseosa guaraná, sus padres querían que fuese al revés, que almuerce y como premio la pizza y guaraná.

Él sabiamente dijo "hay que darle gusto al niño" cómprenle lo que quiere y él va a almorzar contento, y así fue.

Un líder pone 20 a cada uno de sus hijos

La dedicación de don Alejandro a su trabajo crecía día a día, como crecía también su familia. Dios los premió de la mejor manera, con diez hijos durante toda su vida. Ellos fueron naciendo cada dos años: los nueve primeros en Pampas Grande y el último en Lima. Todos conformarían una familia numerosa y feliz.

Para él no había mayor motivación que su familia. Junto a su esposa ayudaron a sus hijos a superarse en la vida, formándolos con buenos principios y valores, con mentalidad de líderes porque la familia es nuestro principal grupo de contacto y es la base de toda sociedad.

Él fomentaba en su hogar un ambiente sano en el que sus hijos podían desarrollarse. Desde pequeños, ellos significaron su mayor riqueza y cuando crecieron resultaron su mayor orgullo, por eso no escatimaba gastos en darles la mejor alimentación que podía.

Según el informe de Global Home Index, pasar tiempo en familia es una práctica que contribuye a un mayor beneficio emocional, social y psicológico. La calidad es más importante que la cantidad, aunque sean pocos minutos comparte con tus seres queridos un momento libre de distracciones como el celular o el trabajo. Como buen líder que era no veía defectos en sus hijos sino sus potenciales, siempre resaltaba las cualidades positivas. Un líder forma líderes y eso logró don Alejandro.

Como resultado de aplicar estos consejos, fue testigo de los logros de sus hijos:

- Marcela: Bióloga y Educadora de la Universidad Nacional Mayor de San Marcos. Ex-Directora del Colegio Esther Festini de Lima.

- Ángel: Médico Nefrólogo de la Universidad Nacional Mayor de San Marcos. Realizó estudios de especialización de medicina en Methodist Medical Center de Dallas, Texas, Estados Unidos.

- Elena: Trabajadora Social de la Universidad San Martín de Porres y Magíster en Proyectos Sociales de la Universidad Nacional Mayor de San Marcos.

- Alejandro: Ingeniero de Petróleo de la Universidad Nacional de Ingeniería. Trabajó como Gerente de Perforación de la Occidental Petroleum Corporation (OXY). Magister en Administración de la Pontificia Universidad Católica del Perú.

- Julia: Ingeniera Industrial de la Universidad Nacional Mayor de San Marcos. Fundadora de la ONG Pan Perú. Co-fundadora de Autoespar y Grifos Espinoza. Directora del Grupo Empresarial Espinoza S.A.

- Bernabé: Ingeniero Mecánico-eléctrico de la Universidad Nacional de Ingeniería. Máster en Administración de Negocios de la Universidad del Pacífico del Perú.

- Edith: Ingeniera de Petróleo de la Universidad Nacional de Ingeniería. Trabajó en Midland College como profesora de cursos GED en Texas.

- David: Ingeniero electrónico de la Universidad Nacional de Ingeniería, ganó una beca y estudió Ingeniería Electrónica en Alemania. Trabaja en Siemens, en la ciudad de Núremberg.

- César: Exalumno de la Universidad Nacional de Ingeniería de Minas. Presidente Ejecutivo de su propia empresa, Schubert Company.

- Carlos: Ingeniero Industrial de la Pontificia Universidad Católica del Perú. Gerente Comercial de Ardiles Import S.A.C.

"Ser, amar, trascender"
—2da Corintios 12:15

Los diez hijos de don Alejandro en su casa de Ingeniería.

08

FUE UN CIUDADANO EJEMPLAR

ERA MUY SERVICIAL

Fue un ciudadano con "don de servicio", desde las cinco de la mañana desfilaban por su casa los pampasgrandinos a pedirle favores. Recibía cartas y encomiendas para llevar a Lima. Lo anecdótico era que, por recibir tantos encargos y por sus múltiples ocupaciones, a veces se olvidaba de entregarlos, los confundía o los paseaba en su bolsillo o en su maletín. Luego de un mes, los encontraba y los entregaba con toda frescura, como si nada hubiera pasado.

Un día le encargaron llevar tres calabazas a Lima. Como el camino a Pariacoto era pesado al viajar en bestia de carga, las calabazas se ladeaban y él se molestaba por tener que acomodarlas a cada rato. Cansado de hacerlo, prefirió bajarlas del burro y hacerlas rodar por todo el camino. Llegó a Lima, compró las tres calabazas en el mercado de Caquetá y las entregó con una sonrisa.

CORREGÍA SIN PELOS EN LA LENGUA

Corregía sin pelos en la lengua a toda persona que iba por mal camino, incluso a las autoridades o docentes descarriados. Por ejemplo, a estos les decía:

—¿Qué ejemplo les vas a dar a tus alumnos, siendo un borracho, impuntual y sinvergüenza?

Corregía también a sus paisanos ebrios. Acostumbrados a tener irresponsablemente diez o más hijos y destinados a ser peones y sin futuro, les decía:

—¡No tienen ni para comer y están tomando licor!

Pero también apreciaba en voz alta a los buenos profesionales.

Su trayectoria como una persona íntegra lo había convertido en una autoridad. Por consiguiente, todos lo respetaban y hacían caso a sus consejos.

DABA DESAYUNO A LOS HUÉRFANOS

"Nadie te recuerda por lo que recibes, sino por lo que das"

Cada celebración del Día de la Madre, por más de 20 años consecutivos, ofreció un gran desayuno a los huérfanos de su pueblo y donó

AAC repartiendo desayuno a los huérfanos.

flores blancas para cada uno. Él mismo ayudaba a servir y repartir la leche y los panes calientitos.

> "A Jehová presta el que da al pobre, y el bien que ha hecho, se lo volverá a pagar".
> —Proverbios 19:17

"Don Alicho, en cada cosecha de sus chacras, tenía por costumbre hacer cosechar libremente los últimos dos días a las viudas, para ellas mismas", relata Don Germán Aguilar Oncoy, el único sastre de Pampas Grande.

PROMOVIÓ LA SOLIDARIDAD EN EL TERREMOTO DE 1970

> "Es la fraternidad humana la que hará posible la grandeza no solamente del Perú sino de la Humanidad"
> —José María Arguedas

Cuando ocurrió el terremoto de 1970, en Ancash, don Alejandro tuvo un papel invaluable. El sismo, de 7,8 grados, causó una tremenda devastación en los Andes. Setenta mil personas murieron en menos de cinco minutos. Aquel domingo, se encontraba sobre su caballo rumbo al vecino distrito de Pariacoto, cuando de pronto la tierra convulsionó violentamente, como queriendo descuajar a las montañas. El ambiente se llenó de tinieblas y polvo.

Cuando pasó el sismo, comprobó que sus siete burros cargueros habían muerto. Entonces se enfrentó a la disyuntiva de continuar su viaje a Lima, donde lo esperaban sus hijos y su esposa, o retornar a Pampas Grande, donde estaban sus sobrinos huérfanos, hijos de su hermana Laura, recién fallecida. En medio del dolor, pensó: "En Lima hay

Casa de Pampas Grande después del terremoto, 1970.

todo tipo de ayuda: médicos, ambulancias, hospitales. En cambio, en Pampas, no hay nada". Y así decidió volver a su pueblo a ayudar.

En el trayecto fue sembrando solidaridad entre los damnificados, consolando, socorriendo y alentando a cuantos encontró en su camino. Al llegar a Pampas se estremeció al ver a todo el pueblo convertido en escombros: la iglesia y la plaza de Armas, ambas de estilo colonial, habían quedado en ruinas. Muy pocas construcciones se mantenían en pie. Entre ellas, el colegio San Jerónimo que mandó construir, su casa, la de su difunta hermana Laura y algunas pocas más.

> "El ángel del Señor acampa alrededor de los que le temen, y los rescata"
> —Salmos 34:7

De inmediato, organizó a la población para socorrer a los heridos y conseguir alimentos. Por fortuna, encontró sanos y salvos a sus sobrinos huérfanos, con quienes pasó algunos días. Pero, en vista de que el panorama era desolador, decidió viajar a Lima para pedir ayuda para su pueblo.

SALIÓ EN TELEVISIÓN Y PORTADA DE UNA PERIÓDICO DE PERÚ PIDIENDO AYUDA PARA SU PUEBLO

Don Alejandro salió en el periódico.

Su primo Manuel Castillo relata:

—Yo vi llegar de madrugada a Lima a mi primo Alejandro, sucio y maltrecho. Me dijo: "Acompáñame al Canal 5 de televisión. Tengo que pedir auxilio para nuestro pueblo". Yo le contesté: "Está bien. Te voy a acompañar pero primero báñate y cámbiate". "No, al contrario, tengo que ir así para que me crean". Increíblemente, después de hacer unas cuantas gestiones, repentinamente vi salir en la televisión a mi primo dando su testimonio. Era muy impetuoso. Comprendí que todo lo que hacía era para conseguir su objetivo.

Como tenía agallas, acudió a los principales diarios y canales de televisión de la capital para dar testimonio de la tragedia que había ocurrido. Logró aparecer en la portada del diario Expreso, uno de los diarios de mayor circulación del Perú y también en Panamericana Televisión, Canal 5, donde declaró:

—Vengo desde mi pueblo, Pampas Grande, caminando entre cadáveres. Necesitamos medicinas y alimentos. Es necesario que se apuren, porque los niños y los ancianos no aguantarán más.

Retornó a Pampas llevando camionadas de víveres, frazadas y carpas, acompañado por otros paisanos voluntarios residentes en Lima. En estas circunstancias, llegó por primera vez un helicóptero a Pampas Grande, con filántropos norteamericanos que llevaban ayuda.

Él mismo los recibió con el poco inglés que sabía. "Goodbye, goodbye", les decía, en lugar de "Welcome, welcome". Los voluntarios gringos entendieron sonriendo que lo importante era que los recibía con el corazón.

LLEVÓ ADELANTOS TECNOLÓGICOS A PAMPAS GRANDE

Siempre procuraba que su pueblo se desarrollara tecnológicamente. Por eso, cuando observaba alguna novedad en Lima o el extranjero, en sus viajes a Estados Unidos y Venezuela, la llevaba inmediatamente a Pampas. Llevó el primer radio transistor, marca Zenith, el primer televisor, el primer celular y la primera cocina a gas.

—En 1978, su hijo Alejandro regresó de uno de sus viajes a Texas con un equipo portátil Panasonic, que funcionaba como radiocasete y televisor en blanco y negro. Don Alejandro, su hijo Bernabé y su sobrino Hugo Aguilar lo llevaron a Pampas Grande, con la esperanza de ver funcionar el televisor.

Primero lo probaron en Pira y Cajamarquilla, distritos vecinos, pero sin resultados positivos. Luego, tras llegar a Pampas Grande, volvieron a hacer la prueba. La emoción los desbordó al ver las primeras señales televisivas en el pequeño aparato portátil. Los lugareños no podían salir de su asombro ante semejante suceso: ¡televisión en un pueblo sin electricidad y sin antenas retransmisoras!

Por esas fechas, ni siquiera Huaraz, la capital de Ancash, tenía televisión. Como es lógico, en diez minutos todos los vecinos del pueblo estaban alborotados por la noticia y se aglomeraron en el patio de don Alejandro. Muchísima gente vio televisión por primera vez en su vida ese día. Una anciana de 75 años dijo:

—Ahora sí ya puedo descansar en paz, porque ya vi televisión y en mi propio pueblo.

Luego se trasladaron al fundo de Quillcán a probar el televisor y ahí captaron hasta la serie *El Increíble Hulk*.

Tan impactante fue ese acontecimiento que la noticia salió en el diario El Comercio de Lima. Interesados en el caso, un grupo de ingenieros de ElectroPerú viajó al pueblo. Los expertos concluyeron que la señal de televisión llegaba a Pampas Grande debido a su peculiar ubicación, que opera como una gigantesca antena parabólica y capta incluso las señales de satélite. Increíblemente, la radio podía captar emisoras de otros países.

Don Alejandro celebraba riéndose:

—¡Canchón es la antena del mundo! ¡Ja, ja, ja!

CAPACITÓ A LOS AGRICULTORES DE SU PUEBLO

Nunca fue egoísta: siempre reveló todos sus secretos de Agricultor y Ganadero exitoso a sus homólogos pampasgrandinos. Los motivaba y capacitaba frecuentemente en forma práctica y objetiva, sin incurrir en las distorsiones teóricas que cometen los pocos agrónomos y veterinarios que llegaban eventualmente a Pampas Grande.

Don Luis Alegre Vega, profesor de primaria en Pampas Grande, brinda más detalles sobre este aspecto en la vida de don Alejandro:

—Transcurría el año 1981 cuando Alicho, entonces de 63 años, ya llevaba 40 años de éxito en el agro. Durante este tiempo, él, un extraordinario agricultor, compartiría siempre sus conocimientos y experiencias por medio de la capacitación práctica sobre el cultivo de papas y el manejo de ganado. Desterró el egoísmo, irradiando su experiencia a las futuras generaciones. Así deberíamos ser todos: los mayores enseñar a los menores.

Una vez convocó a una reunión a todo el distrito para brindar una capacitación gratuita. Asistieron masivamente representantes de los nueve caseríos, que aprendieron temas como el distanciamiento de siembra entre planta y planta y entre surcos, el tiempo de pre-aporque, la floración, el último aporque y la aplicación de abonos y plaguicidas. Así, motivaba a cada agricultor a ser siempre independiente y emprendedor, no peones de los que tienen poco poder adquisitivo.

Desde la década de 1960 luchó por lograr el reconocimiento debido para el agro, como sucede en los países desarrollados.

HERMANÓ A DOS PUEBLOS EN PUGNA

Por más de trescientos años, los distritos vecinos de Huanchay y Pampas Grande se encontraban enfrentados por cuestión de límites. Huanchay pretendía —sin fundamento alguno— la titularidad del emblemático pico de Canchón de Pampas Grande, la montaña más elevada de la zona.

Con el fin de terminar esas rivalidades estériles, las autoridades de Huanchay y Pampas Grande se reunieron en el punto del conflicto. Pero ya habían pasado dos horas y no se llegaba a ningún acuerdo. Al contrario, los más violentos estaban a punto de irse a las manos.

Fue ahí que don Alejandro, a pesar de su avanzada edad, dio un discurso memorable, que pondría fin al diferendo y hermanaría nuevamente a los dos pueblos:

Tras oír este discurso solemne, las autoridades de los dos pueblos estamparon sus firmas por la paz y se abrazaron como símbolo de hermandad. Un hito espiritual e histórico que perdura hasta la fecha.

"La lengua del sabio hace grato el conocimiento..."
—Proverbios 15:2

Majestuoso pico de Canchón.

DISCURSO CÉLEBRE

"Señores representantes de Huanchay y Pampas Grande:

Pese a no haber sido invitado a esta reunión, y pese a mi edad avanzada y mi salud un tanto delicada, he venido a aportar un granito de arena en beneficio de ambos pueblos.

Vecinos, vertientinos, hermanos por geografía y por historia: ¡no más conflictos en pleno siglo XX! Busquemos la integración, la paz y el desarrollo. Luchemos para unir nuestras carreteras y así dejar pueblos bien desarrollados a las futuras generaciones; grandes hombres que mañana imitarán nuestros gestos. Tenemos que unirnos para desterrar juntos a la pobreza.

¡Nuestros hijos vivirán nuevos tiempos y mejores que nosotros! En consecuencia, dejemos de pelear por un hito y abracémonos por un futuro próspero y provechoso.

Gracias."

PROMOVIÓ EL AMOR POR LA TIERRA QUE LO VIO NACER

"Nunca se olviden de sus padres, ni de la tierra que los vio nacer"
—AAC

Su hijo Alejandro, el "Nuna", engreía a su padre de la misma manera que don Alejandro lo hizo cuando él era pequeño. En ese tiempo, Alex ya era Ingeniero Petrolero, trabajaba y ganaba mucho dinero en la OXY. Llevaba a su padre a diferentes ciudades de Estados Unidos. En una oportunidad, lo llevó a Venezuela, a Mérida. Ahí él pudo observar casas modernas con todas las comodidades de las grandes ciudades en medio de la sierra. Eso le inspiró para tomar la decisión de modernizar su casa en Pampas Grande.

Cuando empezó a construir el pueblo entero pensaba que se había vuelto loco. Hasta sus hijos se incomodaron por el tremendo gasto financiero. Pensaban todos que a Pampas Grande nadie iba, ni iría en un futuro, ni siquiera sus hijos, que estaba despilfarrando el dinero porque ya vivían en Lima como 30 años corridos. Sin embargo, él decía riéndose:

—¡Ya verán cuando termine! Ja, ja, ja.

Era optimista como él solo. En sus propios camiones, desde Lima llevó materiales nobles (ladrillos, cemento y fierros) y a varios albañiles para hacer realidad su sueño. Construyó una casa moderna, con alumbrado eléctrico, agua, desagüe, baño con terma, cocina incorporada, ladrillos caravista, lajas en los corredores. Su visión se cumplió en 1988. Su flamante casa era la más moderna de toda la vertiente de los Andes de la Cordillera Negra hasta la fecha. Muy emocionado, con lágrimas en los ojos, rodeado de sus diez queridos hijos, expresó lo siguiente:

—Amados hijos, nunca se olviden de sus padres ni de la tierra que los vio nacer. Vuelvan a visitarla desde cualquier parte del mundo. Dedico esta casa, que ahora tiene todas las comodidades, a ustedes y mis futuras generaciones, para que conozcan la tierra de sus ancestros. Esto es para que mis nietos, bisnietos y turistas de todo el mundo puedan conocer Pampas Grande, subir a Canchón y contemplar el mar y el cielo, como si estuvieran sentados en un balcón, sin extrañar las comodidades de las grandes ciudades del mundo.

Increíblemente, su sueño es aún una realidad: sus 39 nietos y 13 bisnietos, entre ellos peruanos, alemanes, americanos y argentinos, ya visitaron su adorado Pampas Grande y se han hospedado confortablemente en la casa del visionario abuelo.

Además, desde 2006, esa casa es usada por la "Asociación Cultural para Ayudar a la Niñez" Pan Perú, para hospedar a voluntarios peruanos y extranjeros, así como a importantes personajes, como los doctores Rick Mayes, Sean McKenna, Sean Byrne, Sid Dante, Paula Tamashiro y Emily Peron, de la Universidad de Richmond Virginia y de VCU Commonwealth University de Estados Unidos, quienes más de diez años consecutivos viajan con comitivas de estudiantes y profesionales a volcar sus conocimientos para mejorar la salud y la educación integral de los niños de Pampas Grande.

Nietos (izquierda) y bisnietos (derecha) de don Alejandro Ardiles.

> "Mi padre fue simplemente ¡un visionario!".
> —Su hijo Álex

Casa que construyó don Alejandro y que aún alberga a las nuevas generaciones de sus descendientes.

PROMOVIÓ LA CONSTRUCCIÓN DE LA CARRETERA ENTRE PAMPAS Y LIMA

Cuando estaba anciano repetía: "No voy a cerrar mis ojos hasta no ver terminada esta carretera hasta la costa, porque ir a Pampas Grande por Huaraz es muy pesado, por las numerosas montañas y quebradas. En cambio, ir por Huarmey, Culebras y Huanchay es suave, como si fuera una escalera eléctrica"

Con la convicción de que "a mayor comunicación mayor desarrollo", realizó su última obra a favor de su pueblo gestionando la construcción de una nueva carretera de integración: Huarmey/Culebras-Huanchay-Pampas Grande-Cajamarquilla-Pira-Yupash-Huaraz. Lo hizo ante el Ministerio de Transportes y Comunicaciones sin ser autoridad política, como un simple ciudadano, incansable luchador del progreso de su pueblo. Hoy esa carretera es una de las cuatro vías de integración entre los pueblos de la costa y la sierra de Ancash.

No descansó hasta ver culminado el tramo de la carretera que uniría a Pampas Grande y Huanchay, que estuvo abandonado casi 30 años. Incluso puso dinero para impulsar los trabajos, y motivó, persuadió y convenció a la gente para que pusiera el hombro.

Vio cumplido este sueño a sus 83 años, ya con su salud deteriorada. Aquel histórico 13 de enero de 2001, en presencia del Presidente del Consejo Transitorio de Administración Regional (CTAR)-Áncash, Ingeniero Agrónomo José Narváez Soto, y una delegación del Club Social Pampas Grande de Lima, muy emocionado, don Alejandro apadrinó esa gran obra integradora de cuatro distritos ancashinos en silla de ruedas.

> "La fama puede llegar en cualquier momento, pero la grandeza con la longevidad".
> —Anónimo

Inauguración de la carretera Yupash-Culebras, con su primo Lucas Castillo, 2001.

09

EL ÚLTIMO ADIOS

EL ÚLTIMO ADIÓS

El 10 de marzo de 2009, falleció en Lima Alejandro Ardiles Caja, rodeado de sus diez hijos, Marcela, Ángel, Elena, Alejandro, Julia, Bernabé, Edith, David, César y Carlos y su querida esposa Victoria Fortunata.

PANEGÍRICO FÚNEBRE A DON ALEJANDRO EL DÍA DE SU PARTIDA. MARZO 12-2009

Diste cátedra de amor: con tus hijos, con los familiares cercanos, con los más necesitados y en especial con tu querido pueblo de Pampas Grande. Cómo no recordar que aun con un derrame cerebral masivo que tuviste, casi sin poder pararte querías dirigir la construcción de la Carretera Yupash-Culebras, uno de tus anhelados sueños y nos pediste llevarte en silla de ruedas cuando se inauguró y nuestros paisanos bailaron de emoción.

Cómo no recordar tu amor por tus hijos, cuando llegabas de trabajar reclamaban en grupo tu abrazo y podías cargarlos casi a todos juntos y cantarle a cada uno las canciones que nos habías compuesto.

Cómo no recordar que entre hermanos no se debe pelear y exigías el abrazo y el beso de reconciliación entre nosotros. Severo protector del niño, de los huérfanos, de las viudas, del anciano. En los pocos domingos de descanso que llegabas al pueblo, compartías almuerzos con ellos y parte de tus cosechas les brindabas con cariño.

Nos diste también cátedra de educación, a pesar de tu escasa formación académica, vigilando muy de cerca la labor de los profesores en las escuelas, tanto de varones y de mujeres, ingresando a los salones para presenciar el avance del mejor alumno y de tus hijos. Recordaremos siempre tu inmensa visión de educación, llevando a tus hijos y sobrinos no a Huaraz, no a Chimbote, sino directamente a Lima y preparar a tus hijos pequeños para venir a competir, animándonos siempre, con esa tu gran frase: ¡Valiente, peruano!

Nos diste también una gran lección de gestión y liderazgo, motivado por tu gran vocación de servicio a la educación, movilizando tu pueblo, recorriendo todos los caseríos, motivándolos para realizar la gran obra de tu vida, un colegio en Pampas Grande —una gestión jamás vista en nuestro medio, sin ningún dinero del Concejo Municipal—. Sabemos que tú ponías tu dinero y al pueblo le decías que el Ministerio estaba enviando una parte. Vi asombrado iniciar tu proyecto un domingo en la plaza de armas, donde llegaron las personas que convocaste, pensando que sería una inauguración de la primera piedra, como es de costumbre entre nuestras autoridades. Ese mismo domingo se iniciaron los trabajos haciendo los cimientos de cada salón y vimos cómo los caseríos competían, las mujeres que acompañaron a sus esposos preparando la comida para los trabajadores y la banda de músicos que tocaba los domingos, animando esta gran labor.

Manejaste muchos negocios simultáneamente sin agenda y en todos ellos protegiendo y compartiendo con tus trabajadores, y al final de la jornada con tus lámparas Petromax organizando partidos de futbol nocturno. Matara vs San Juan. Como deportista formaste tu equipo: UDP, y El Ardiles FC con tus hijos.

Nos diste una lección permanente de valores, con la famosa frase: Ama quella, ama sua, ama llulla, que practicabas con el ejemplo. Exigías a todos el cumplimiento e hiciste el ranking de los más representativos en tu pueblo. Habiéndote peleado muchas veces para hacer cumplir tus normas de vida.

Tú proyectaste el éxito de tus hijos y sobrinos, e hiciste tu casa cerca de la Universidad Ingeniería, querías que tus hijos sean ingenieros. Tu visión fue real: siete de tus hijos son ingenieros y los otros médicos y doctoras.

Gracias, viejo, cumpliste a cabalidad tus propósitos en esta tierra: llevo en mi sangre tus enseñanzas y junto a mis nueve hermanos te prometemos cuidar a mamá y estaremos siempre juntos. Reitero: alguna vez nos juntaremos para seguir disfrutando tu presencia y tus enseñanzas en la Eternidad. Hasta luego, papá.

Tu hijo mayor, Doctor Ángel Ardiles
(Jugador preparado)

10

EL ENORME LEGADO DE ALEJANDRO ARDILES CAJA

EL LEGADO DE AAC

La Biblia dice:

"Bienaventurado todo aquel que teme a Dios, que anda en sus caminos. Cuando comas del trabajo de tus manos, dichosos serás y te irá bien. Tu mujer será como fecunda vid en el interior de tu casa; tus hijos como plantas de olivo alrededor de tu mesa. He aquí que así será bendecido el hombre que teme a Dios".

—3 Juan 1:2

Querido lector, Dios cumple lo que promete en las sagradas escrituras si le somos fieles, así como cumplió en la vida de don Alejandro, quien a pesar de que creció en la pobreza extrema, huérfano, en medio del infortunio, campesino de escaza educación, su actitud en la vida fue como la de un hermoso clavel que crece con una belleza increíble en medio de la tierra polvorienta.

En lugar de caer en la autocompasión, desánimo o depresión, se encomendaba al Señor todos los días de su vida y trabajaba con honradez y ahínco. No temía a nada ni a nadie, excepto a Dios. A quien amó y respetó durante toda su vida.

Producto de ello, tuvo una vida exitosa y feliz, su frase recurrente era: "¡Con Dios y con juicio!".

Tuvo una vida equilibrada, libre de excesos porque todo exceso es malo.

Gracias a la identidad que tenía con Dios, tuvo éxito en todas las áreas de su vida. En lo económico, se convirtió en el mejor Agricultor-Ganadero de todos los tiempos de la Cordillera Negra de los Andes. En lo familiar, tuvo una familia conformada. En lo espiritual, tenía a Dios en su corazón. En lo social, fue muy apreciado y querido por todos los que lo conocían. Y en lo político, fue Gobernador y Alcalde para servir y no ser servido sin percibir ninguna remuneración.

He sido testigo de su felicidad, se cumple: "¡con Cristo en la familia, un feliz hogar!".

El mundo necesita de personas y familias felices, y esto se consigue no tan sólo con conocimientos, sino con la transformación a través de aplicar la Palabra de Dios en la vida diaria.

Por tanto, querido lector, reflexiona un momento, la reflexión es una actitud del corazón. Donde hay un genuino autoexamen de hechos, dichos y pensamientos. Luego sigue el reconocimiento de errores y faltas inherentes a todo ser humano. La clave y punto de quiebre es el arrepentimiento (verdadero cambio de actitud y perdón) seguido por la restauración. La unión y armonía son consecuencias o frutos de lo referido.

¡Cierra tus ojos y de corazón rinde tu vida a Dios y todo el resto vendrá por añadidura! ¡Atrévete a ser feliz!

¡Ama, ayuda, comparte y trasciende!

Julia Ardiles de Espinoza

ANEXOS

ÁRBOL GENEALÓGICO DE LA FAMILIA ARDILES ANICETO

Se sabe que los primeros Ardiles llegaron de Argentina al Perú. Algunos se instalaron en Puno, otros en Arequipa y unos pocos enrumbaron hacia Pachacamac, Lima, de donde pasarían a Huarmey, Ancash. Y de aquí subieron a los Andes, hasta afincarse en el Callejón de Huaylas y localidades conexas.

José Ardiles, natural del Callejón de Huaylas, se casó con Beatriz Milla, natural de Huarmey.

De esta unión nació José Eladio Ardiles Milla, quien contrajo matrimonio con la pedagoga Elisa Robles, natural de Aija.

Ambos decidieron residir en Pampas Grande, donde se harían del fundo llamado "Quillcán" en San Juan, El Dorado.

José Eladio Ardiles y Elisa Robles tuvieron nueve hijos

1. **Trifonio Ardiles Robles,** quien engendró 5 hijas: *Clara, Felícita, Esther, Vilelmina y Edelmira.*
2. **Juan Ardiles Robles**, padre de 4 hijos: *Juan, Iberón, Elisa y Socorro*.

3. **Julio Ardiles Robles**, padre de 10 hijos: *Teobaldo, Áurea, Alejandro, José, Melitón, Magdalena, Natalia, Fortunato, Dictinio o Cristóbal, y Sócrates.*

4. **Antonina Ardiles Robles**, produjo 2 hijos: *Graciela y Zoraida.*

5. **Beatriz Ardiles Robles,** engendró 7 hijos: *Gustavo, Rolando, Augusto, Lucas, Maruja, Manuel y Guillermo.*

6. **Alejandrina Ardiles Robles** tuvo 4 hijos: *Rebeca, Carlos, Adolfo y Humbertina.*

7. **Bernabé Ardiles Robles** produjo 3 hijos: *Alejandro, Laura y Antonieta.*

8. **Alejandro Ardiles Robles**: Ninguno

9. **Laura Ardiles Robles**: Ninguno

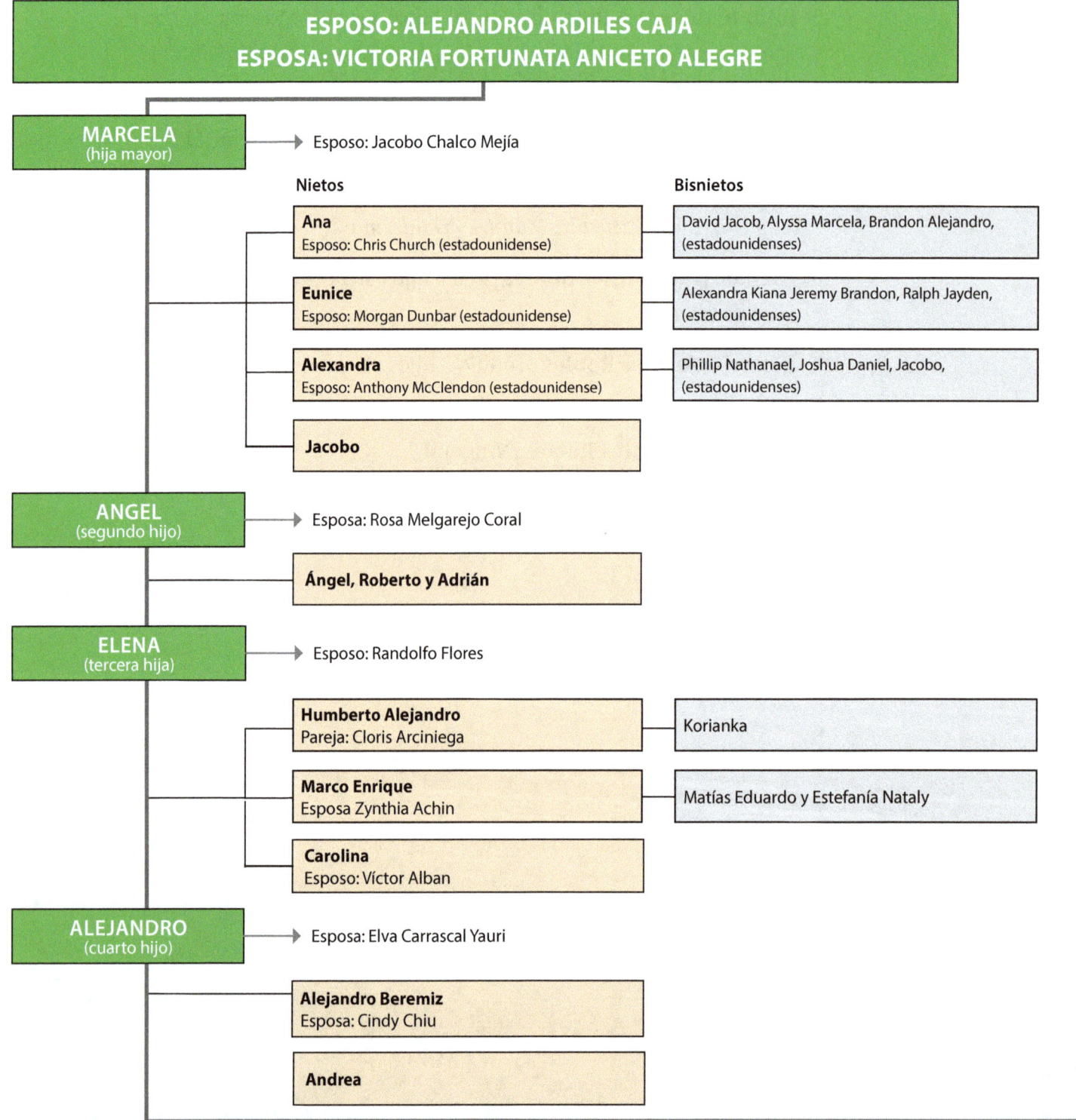

JULIA ARDILES DE ESPINOZA

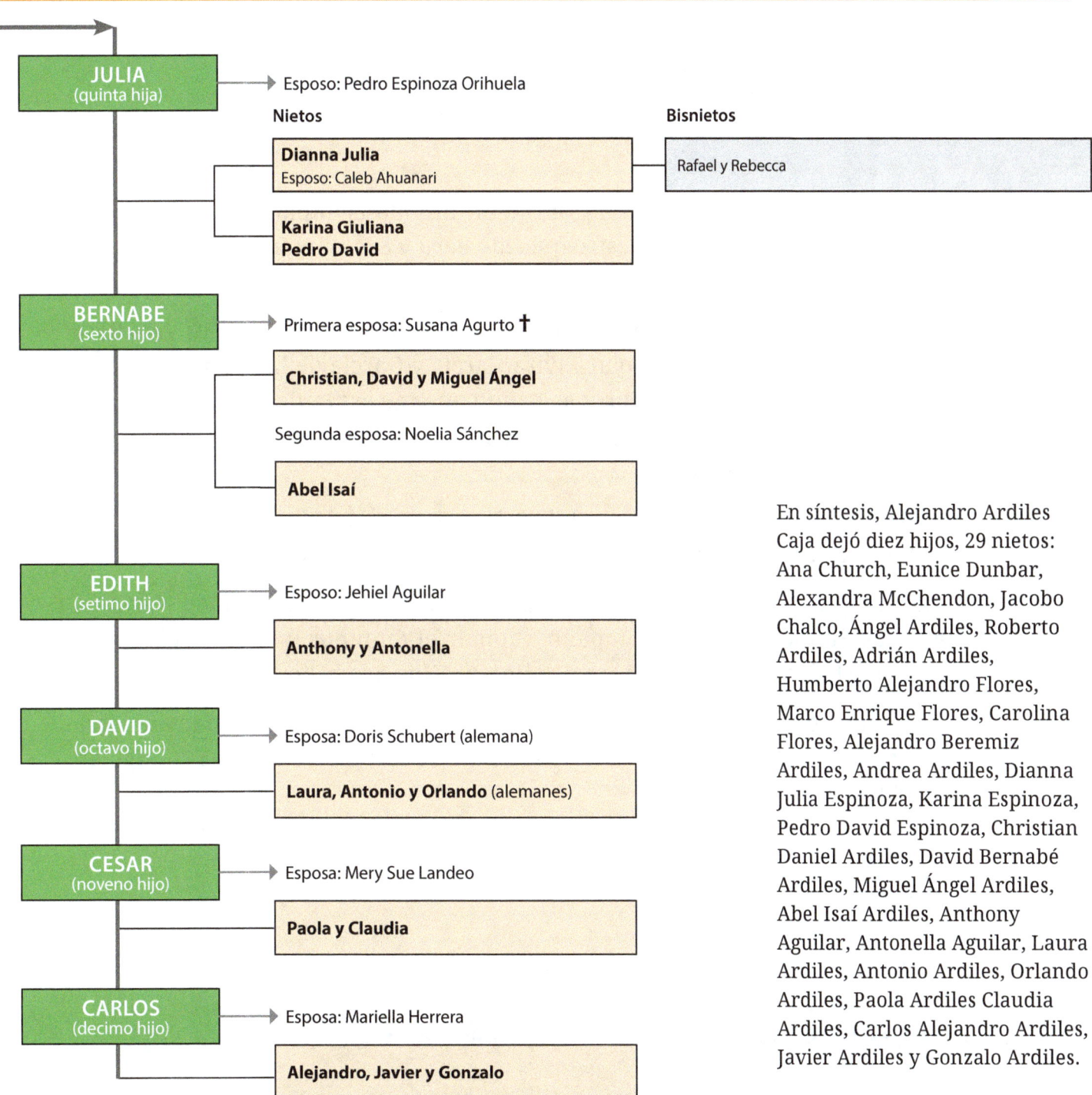

En síntesis, Alejandro Ardiles Caja dejó diez hijos, 29 nietos: Ana Church, Eunice Dunbar, Alexandra McChendon, Jacobo Chalco, Ángel Ardiles, Roberto Ardiles, Adrián Ardiles, Humberto Alejandro Flores, Marco Enrique Flores, Carolina Flores, Alejandro Beremiz Ardiles, Andrea Ardiles, Dianna Julia Espinoza, Karina Espinoza, Pedro David Espinoza, Christian Daniel Ardiles, David Bernabé Ardiles, Miguel Ángel Ardiles, Abel Isaí Ardiles, Anthony Aguilar, Antonella Aguilar, Laura Ardiles, Antonio Ardiles, Orlando Ardiles, Paola Ardiles Claudia Ardiles, Carlos Alejandro Ardiles, Javier Ardiles y Gonzalo Ardiles.

TESTIMONIO DE SUS HIJOS

Papá, tú fuiste un gran hijo de Dios. Con tu vida ejemplar nos enseñaste a amar a nuestras familias, a nuestro querido Perú y a la humanidad entera, pero sobre todo a creer en Dios.

Mi papá siempre me acompañó en los momentos especiales de mi vida. Para ingresar a la Gran Unidad Escolar Elvira García y García de Lima, debía dar un examen de admisión y, para aprobarlo, mi papá me estimuló sin sosiego, hasta que —gracias a Dios— logré ingresar. Finalicé el año escolar con un buen resultado y él muy feliz me dijo:

"¡Me das honra y buen nombre, hija!". Nunca dejaba de levantarme el ánimo y por su estímulo seguí mejorando en los estudios, año tras año.

Recuerdo que el día de mi examen de admisión en la Universidad Nacional Mayor de San Marcos me acompañó a tomar el ómnibus, me dio un lapicero extra y me brindó su famosa frase de aliento: "Hija, ¡con Dios!".

Es a Dios a quien agradezco el haberme dado un padre ejemplar, tan amoroso y dedicado a su familia. Gracias, papá Alejandro. Un día estaremos contigo en los cielos, por siempre.

Marcela

Bióloga y Educadora
de la Universidad Nacional Mayor de San Marcos de Lima. Ex-Directora del Colegio Esther Festini, Lima. Ciudadana americana. Líder cristiana de todas las mujeres latinas de la Iglesia de Cristo, Crieve Hall Church, de Nashville, USA.

Como hijo mayor compartí con mi padre toda mi niñez, mi adolescencia y parte de mi juventud y mi madurez. Puedo afirmar hoy que recibí de él una enorme influencia en mi formación humana y profesional.

Mi padre me encaminó sabiamente en la vida y, por eso, me considero un heredero de su éxito. En cada faceta de mi existencia he aplicado sus sabias enseñanzas, sus valores y sus ejemplos morales. Creo que mi conducta está basada en sus lecciones diarias.

Mi padre era un hombre emocionalmente muy equilibrado y de espíritu siempre positivo. Deseaba permanentemente servir a su pueblo, predicaba los valores con el ejemplo y combatía férreamente a lo indecente, la mentira y el hurto. Además, fue un deportista nato, de juego alegre, pícaro y fuerte, tan bueno en el fútbol como en el básquet. Se entregaba a plenitud a su trabajo y sabía crear espacios para celebrar con la familia. En las fiestas era un bailarín incansable, divertido y galanteador.

Ángel

Médico Nefrólogo
de la Universidad Nacional Mayor de San Marcos. Médico principal del Hospital Rebagliati, el mejor Hospital de Lima - Perú. Futbolista profesional, formó parte de la selección de la Facultad de Medicina de San Fernando. Realizó estudios de especialización de medicina en Methodist Medical Center de Dallas, Texas, Estados Unidos.

Lo que más recuerdo de mi padre es su amor y su compromiso con sus hijos y su familia. También recuerdo su carácter optimista, la seguridad en sí mismo, su liderazgo, su capacidad de influir en los demás, su devoción por lo correcto, y su infatigable lucha por sacarnos adelante y por llevar el progreso a Pampas Grande.

Me alegra recordarlo feliz en muchos momentos, como cuando mi hermana Marcela recibió el premio de excelencia al terminar su educación secundaria en el colegio Elvira García y García; o cuando mi hermano Bernabé ingresó en primer lugar a la Universidad Nacional de Ingeniería; o quizá cuando mi hermano Alex viajó por primera vez a Estados Unidos, recién egresado; y cuando acompañaba a mi hermana Edith a sus campeonatos de fulbito en la Universidad Católica.

Sin embargo, lo más importante que resalto de él es su capacidad de organizar y liderar su proyecto de vida, el de sus hijos y el de su pueblo.

Pese a sus tempranas limitaciones, logró ser un padre excepcional y un ciudadano ejemplar que, en solo dos cortos periodos como alcalde de Pampas Grande, consiguió la creación del primer colegio de secundaria y la construcción de la más importante carretera para nuestro pueblo. Fue, en suma, un padre amoroso, un luchador sin tregua, un ciudadano ejemplar.

Elena

Trabajadora social
de la Universidad Particular San Martin de Porres. Máster en
Proyectos Sociales de la Universidad Mayor de San Marcos. Trabajó en las
ONG Internacionales World Vision y Every Child.

En cada faceta de mi vida personal he aplicado las sabias enseñanzas de mi papá Alejandro, quien siempre nos impulsó al éxito personal, profesional y social. Él fue, simplemente, un gran visionario.

Tengo la seguridad de que todos tienen un gran potencial para ser exitosos, buenas personas y buenos profesionales. Solo deben confiar en Dios y tener la firme voluntad de estudiar, superarse, hacer realidad sus sueños e incluso buscar cómo mejorar el mundo en que vivimos.

Alejandro

Ingeniero Petrolero
de la Universidad Nacional de Ingeniería. Máster en Administración de Empresas en la Pontificie Universidad Católica del Perú. Ex-Gerente Senior de Perforación de la compañia multinacional Occidental Petroleum Corporation (OXY). Fue Presidente del Centro Cultural Peruano Venezolano en Maracaibo, Venezuela. Presidente y Fundador de Ardiles Import S.A.C.

En la vida de una persona siempre hay alguien que marca un hito. Para mí, fue mi padre. No he conocido un hombre tan positivo como él, tan decidido, lleno de coraje, optimismo, honrado, trabajador, generoso, inteligente, entusiasta, con buen sentido del humor, capaz de enfrentar a la vida diaria con mucha hidalguía y con la disposición de hacer feliz a todos sus familiares y amigos.

Recordándolo, quisiera subir a una montaña y gritar al mundo entero: ¡Amo a mi papá, amo a mi papá!

Así de grande es mi amor por mi padre, porque para mí fue mi amigo, mi dulce compañía, mi perpetuo alentador, mi pareja de baile. Durante muchos años, yo, orgullosa, caminaba tomada de su brazo a todos lados. "¡Ah, Julia Josefina!". Ese era el clásico saludo que repetía cada vez que me veía y me estrechaba en sus brazos.

Es admirable la visión que tuvo mi padre al modernizar su casa en Pampas Grande, allá por 1982. Años más tarde, esta casa se convirtió en la sede de la ONG Pan Perú, donde se hospedan voluntarios nacionales y extranjeros, comprometidos con mejorar la calidad de vida de los niños del distrito. Mediante Pan Perú, siguiendo sus pasos hice realidad mi mayor sueño: construir la primera biblioteca infantil comunal del Perú en Pampas Grande.

Ingeniera Industrial
de la Universidad Nacional Mayor de San Marcos. **Fundadora de "Ferretería Ardiles" y de la ONG PAN PERÚ - Asociación Cultural Para Ayudar a la Niñez.** También es Co-fundadora de Autoespar S.A. Concesionario autorizado de Toyota del Perú, y de Grifos Espinoza S.A., dealer de Primax del Perú, y Directora Ejecutiva del Grupo Empresarial Espinoza S.A.
Autora del libro de cuentos "El Tío Conejo".

He pasado mucho tiempo con mi papá desde que tengo uso de razón. En mis vacaciones escolares, viajábamos de Lima a Quillcán para ayudar en las chacras y en el cuidado del ganado. Ahí siempre fui espectador directo de su singular habilidad y liderazgo en el manejo de los negocios.

En 1973 lo ayudé a comprar su auto Hillman y en el 1974 su camioncito Dogde 300. Primero fui su asistente y luego su chofer. Viajamos mucho entre Pampas Grande y Lima.

Es muy difícil encontrar personas que hayan tenido el perfil de mi padre: honesto, trabajador, inteligente, osado, valiente, fuerte, responsable, amoroso con sus hijos y su pueblo, generoso con los necesitados, hombre visionario y líder por excelencia.

Doy gracias a Dios por haberme concedido un padre realmente extraordinario. Pienso que él mismo no se dio cuenta de muchos de sus logros, simplemente porque formaban parte de su esquema mental. Para él, esforzar y triunfar era normal. A sus hijos nos dio ejemplo, educación y profesión a costa de trabajo y sacrificio.

¡Gracias a Dios, gracias a ti, querido papá, gracias a tu admirable esposa, mi querida mamá, porque con su apoyo tus admirables logros fueron posibles!

Bernabé

Ingeniero Mecánico-Electrónico de la Universidad Nacional de Ingeniería. Máster en Administración de Negocios de la Universidad del Pacífico del Perú. Ex-Gerente de la compañia peruana de telefonos. Gerente de Finanzas de Ardiles Import.

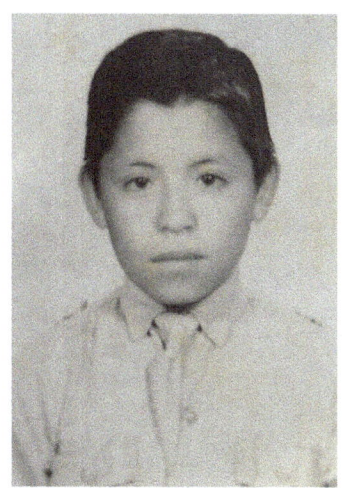

Menciono a mi papá y vienen a mí sus enseñanzas, como el amor entre hermanos, el compartir, el ayudar a los necesitados, el ser valientes y mucho más. Creo que la mejor manera de honrar su memoria es poner en práctica todo eso que nos enseñó.

Por ejemplo, a ayudarnos entre hermanos mutuamente y a pasar el tiempo juntos, para que las siguientes generaciones de la familia mantengan ese amor y esa unión, incluso con los primos, sobrinos y demás parientes.

Cuando ingresé a la Universidad Católica tuve la oportunidad de practicar muchos deportes y participar en diferentes campeonatos. Recuerdo que intervenía en la maratón de la universidad, que se realizaba todos los jueves, y, a pesar de ser bajita de estatura, no me amilanaba en absoluto. Para estar en forma, practicaba a diario al lado de mi padre, que me daba ánimos diciéndome que, si yo había corrido en Pampas Grande, cómo no iba a poder en Lima.

Él era mi hincha favorito y me hacía barra: "¡Ah! ¡Chola!, ¡la chola!". Me aplaudía, reía y gozaba con mi participación, igual que cuando jugaba en los partidos de fulbito de la universidad. Definitivamente, heredé de él el ser deportista.

Me llevaba con su camioneta a estudiar, a pesar de no saber manejar tan bien. Era muy amoroso y admiro de él que siempre se dio tiempo para apoyar y alentar a sus hijos.

Edith

Ingeniera petrolera
de la Universidad Nacional de Ingeniería. Residente americana. Trabajó en Midland College como profesora de cursos GED en Texas.

En los tiempos en que estudiaba en la Universidad Nacional de Ingeniería, frecuentemente había huelgas y, por lo tanto, no tenía clases. Por ese motivo, debía acompañar a mi papá a Pampas Grande, a Quillcán y a todos esos lugares que él recorría haciendo negocios.

Para entonces yo postulaba a una beca para estudiar en Alemania, convocada por el Inabec. Éramos unos tres mil postulantes peleando por cinco cupos. En el proceso de selección hubo muchos exámenes. Cuando quedamos 150 finalistas, el Inabec entregó la lista a los propios alemanes para que ellos hicieran la selección final.

Estábamos en Quillcán y yo me sentía muy desmotivado. Mis compañeros de la universidad me habían recomendado no ilusionarme mucho, porque —decían— esas becas siempre estaban arregladas. En lo más profundo de mi corazón yo anhelaba lograr la beca para abrirme un futuro mejor, pero todo parecía indicar que no la ganaría.

Una mañana, muy temprano, mi papá se levantó y me dijo: "Hijo, lo he soñado: te vas a Alemania". Sus palabras me llenaron de esperanza y agradecí a Dios por el aliento que papá me transmitió en ese instante. Hasta que finalmente su sueño se cumplió.

Hasta hoy mi gran motivación ante cualquier dificultad son los recuerdos de lo vivido con mi papá. Su inspiración me impulsa continuamente para alcanzar mis metas.

David

Ingeniero Electrónico
de la Universidad Nacional de Ingeniería, ganó una beca y estudió Ingeniería Electrónica en Alemania. Se nacionalizó alemán. Actual Gerente de Ventas de la Cia. multinacional SIEMENS en Erlagen, Nuremberg, Alemania. Fue Presidente del Centro Cultural Peruano Alemán en Munich.

Un día despierto de un profundo sueño en nuestra casa de Quillcán. A mi lado estaba mi hermano Alejandro, con quien habíamos viajado expresamente desde Lima para ver los trabajos finales de la construcción de nuestra nueva casa y a la vez jugar fútbol en Pampas Grande, defendiendo los colores de nuestro querido San Juan.

Ya con lágrimas en los ojos, atiné a respirar y pedirle a Dios que me diera oxígeno para aguantar la altura de 3700 metros de Pampas Grande. A las dos de la tarde empezó el partido contra nuestro eterno rival: Matara. Ese día fue muy especial, ya que a mis 42 años anoté tres goles, en un encuentro oficial. Estaba muy emocionado, porque corrí todo el partido y aguanté los 90 minutos de juego sin acusar fatiga.

Pero en el fondo de mi corazón había pena, por la ausencia irremediable de mi padre, a quien con la mirada buscaba instintivamente en las tribunas, sobre todo cuando marcaba cada gol. Un susurro de Dios me consoló en ese momento y una voz me decía: "¡Bien, don Shesha!", como me solía llamar mi viejo, porque, aunque físicamente no estaba, su voz retumbaba en mi mente y mi corazón.

Recordé mi infancia, cuando mi padre salía de nuestra casa en Ingeniería, Lima, para viajar a su Pampas Grande amado. Mis hermanas me llevaban a la tienda para comprarme alguna golosina y evitar que yo lo viera partir. Cuando volvía a la casa y no lo encontraba, me ponía a llorar desconsoladamente. Me entraba tal amargura que me las cobraba con las puertas de madera de mi hogar: las pateaba hasta romperlas. Si hay algo que nunca entendí fue por qué Dios no permitió que yo naciera antes para disfrutar más a mi padre y devolverle algo de lo mucho que me dio. Sin duda fue él quien guio mi vida con su ejemplo y sus consejos.

César

Ingeniero de Minas
de la Universidad Nacional de Ingeniería. Empresario importador reconocido. Fundador de CEARDISA, F&A Company y Schubert Company. Actual Director-Gerente de Schubert Company.

Escribir sobre mi querido padre me llena de melancolía por su ausencia, de emoción por su ejemplo y de orgullo por su grandeza espiritual. Agradezco a Dios que me haya permitido ser parte de su familia: ¡su hijo menor, tan querido!

Alejandro fue un hombre talentoso, dinámico, decidido, deportista, firme y enérgico. Se trazaba metas y objetivos continuos en la vida, cada vez más difíciles de alcanzar, pero de alguna forma siempre los lograba.

Luego distribuía los frutos de tal esfuerzo entre sus seres queridos, su familia principalmente, sus amistades y las personas con menos oportunidades, y demostraba así la grandeza de su corazón.

Cuando nací, él ya tenía 50 años. Siempre me acompañó en los momentos estelares de mi vida, desde el primer día en la educación primaria, hasta el último en la secundaria.

Un 10 de marzo nos dejó, un 10 como el número de los ídolos de fútbol que admiró con pasión. Un 10 que hoy reluce entre millones de estrellas.

Le pido perdón, si de algo sirve, por las muchas veces que abusé de su gran amor y le doy gracias eternas a Dios por el tiempo compartido con mi padre.

Carlos

Ingeniero Industrial
de la Pontificia Universidad Católica del Perú. Gerente Comercial de Ardiles Import S.A.C. Deportista goleador.

TESTIMONIO DE SUS FAMILIARES Y AMIGOS

Karina (nieta)

Bióloga graduada de la prestigiosa Universidad de Stanford USA y actual estudiante de Medicina en Virginia University Commonwealth (USA)

Mi abuelo Alejandro Ardiles fue muy importante para mí. Siempre me decía: "Karina, las tres cosas más importantes que debes aprender son: ama llulla, ama quella y ama sua", lemas quechua que en español significan: no seas mentiroso, no seas ocioso y no seas ladrón".

Recuerdo que le gustaba cantar y jugar a las cartas. Cuando de niña perdía, me enfadaba y lloraba. Sin embargo, él no se dejaba ganar para enseñarme que en la vida unas veces pierdes y otras veces ganas. La historia de mi abuelo fue impresionante. De niño fue huérfano y vivió en los Andes. Con solo algunos años de escuela, llegó a ser alcalde de su pueblo, Pampas Grande. Ayudó mucho a las viudas y a los niños pobres.

Lamentablemente, el año en que falleció yo me encontraba en Estados Unidos, estudiando en Stanford y no pude despedirlo. Pero todos los días lo recuerdo, esperando algún día ser como él: valiente, bondadosa e íntegra.

Ana Church (nieta)

Administradora graduada en la Universidad de Lipscomb Tennesse USA

Lo que más admiro de mi abuelo es su esfuerzo por unir siempre a la familia. Parece que fue ayer cuando todos nos reuníamos —domingo tras domingo— en el Centro de Esparcimiento Cervatel de Santa Clara: hijos, nietos, nueras, yernos, sobrinos y vecinos, todos haciendo deportes juntos.

Mucha gente que conocía a la familia nos comentaba con alegría: "Ustedes son admirables, porque son bien unidos". Ese es su legado más grande, volvernos unidos en las buenas y en las malas.

Él supo crear amor entre sus diez hijos y en nuestra familia. Nadie puede dudar de que siempre nos amamos entrañablemente.

Beremiz Ardiles (nieto)
Economista graduado en Pennsylvania University USA

Lo que más admiraba de papá Alejandro era su fuerza, su liderazgo y su dedicación al trabajo, pero también su amor y cariño por nuestra numerosa familia. Lo recuerdo como un hombre valiente, muy justo, bondadoso y de gran corazón. Era estricto cuando tenía que serlo, pero también sabía regalarnos su gran sentido del humor y su amor por el baile. ¡Era un excelente bailarín!

¡Cuántas tardes alegres hemos pasado jugando cartas! Creo que su mejor legado es haber transmitido a sus hijos y nietos la convicción de que con esfuerzo y mucha persistencia se pueden lograr grandes cosas.

Román Yauri Ardiles (sobrino)
Residente americano

Me emociono cada vez que recuerdo a mi tío Alejandro. Desde los 8 años viví con él, porque mi padre Braulio falleció en 1948 y dejó a mi madre viuda con cuatro hijos. Existen pocos tíos así. Él nos acogió y apoyó, igual que mi tía Fortunata, quien es como mi segunda madre.

Gracias a su ejemplo aprendí tres cosas que he aplicado en mi vida: ser madrugador, trabajador y honrado. Hoy las practico en Nueva Jersey, donde radico como ciudadano americano.

Inocencio Villafuerte Colonia

Exalcalde de Pampas Grande

Don Alejandro fue un maestro que enseñó su forma de trabajo a muchos pampasgrandinos, desde cómo preparar la tierra hasta cómo comercializar los productos, y así conseguir los mejores precios. Muchos pampasgrandinos estamos agradecidos por sus enseñanzas y consejos.

Cancio Valverde Ardiles

Exregidor de Pampas Grande

Tío Alejandro fue el gran impulsor de la carretera de empalme Pampas Grande-Huancay, que actualmente es una de las vías principales de unión entre los pueblos de la costa y la sierra de Ancash. Como Alcalde, en coordinación con sus regidores, también trabajó para la mejora y la conservación de los estanques, canales y caminos de herradura en todos los sectores del distrito.

Fue un agricultor ejemplar, que producía gran cantidad de cereales y papas, como ningún otro pampasgrandino. Para colocarlos ventajosamente, llevaba sus productos hasta Tarapoto, San Martín, en la selva, porque los mercados de la sierra y la costa estaban saturados. Tío Alejandro también ocupó el cargo de presidente de la Asociación Agraria de Conductores Directos Nicolás Trinidad Rojas del distrito, cargo que ejerció con mucho entusiasmo y varios logros. Apoyó a los criadores y agricultores para que produjeran más y los impulsó a conseguir préstamos del Banco Agrario del Perú. De esta forma benefició con su estímulo a todos los ciudadanos de la localidad.

Victoriano Tolentino Colestino

Director del Colegio Nacional San Jerónimo de Pampas Grande

Al señor Alejandro Ardiles Caja solo queda darle nuestro agradecimiento por su labor ejemplar en bien del pueblo de Pampas Grande. Y en especial por la creación de la institución educativa San Jerónimo. Este ideal fue cristalizado con mucho trabajo y liderazgo. Sus hechos crecerán como la sombra del majestuoso Canchón cuando el sol declina.

Adolfo Fournier Ardiles (primo)

Comandante (r) del Ejército Peruano

Es grato hablar del primo Alejandro Ardiles Caja, el Ñato o el Chato, como cariñosamente lo llamábamos en la familia. Al mencionarlo recuerdo a un hombre visionario que supo influenciar en el espíritu de cada uno de los que crecimos cerca de él.

Una tarde lluviosa de febrero de 1948, mi primo Alejandro llegó a Quillcán. El año anterior habíamos culminado nuestros estudios primarios en la escuela de Pampas Grande y muchos de nuestros paisanos ya habían viajado a Huaraz a prepararse para ingresar al colegio nacional La Libertad. Aquella tarde, el primo Alejandro me dijo: "Ponash —así me llamaba el Ñato—, tienes que ir a Huaraz a prepararte para que ingreses al colegio La Libertad. No tienes por qué quedarte sin profesión. Tienes suficientes condiciones para estudiar. ¿Acaso no deseas ser militar? Aquí he venido con dos caballos para llevarte".

Luego de seis años, ingresé a la Escuela Militar de Chorrillos en Lima y el primo Alejandro, como si fuera mi padre, me mostró su gran alegría. Lo mismo pasó cuando me gradué de alférez: lo festejamos con un fuerte abrazo y derramando algunas lágrimas en memoria de mis papás, quienes habían fallecido mientras yo estudiaba y no pudieron presenciar la culminación de mi carrera como oficial del Ejército Peruano.

El primo Alejandro dejó una huella imborrable en mi persona y mi admiración por él aún perdura.

ANÉCDOTAS

Alejandro Ardiles Caja poseía un carácter jocoso, bromista, risueño y un tanto burlón. Tenía una memoria lúcida para contar chistes, cuentos y fábulas.

Consignamos aquí algunas de sus vivencias que tuvo a lo largo de su vida los chistes que solía contar, para que su risa perviva en nuestro recuerdo.

LA RECONSTRUCCIÓN PERFECTA

Un día, como muchos otros, se le ocurrió a don Alejandro viajar a Pampas Grande de un momento a otro. Corriendo, su esposa salió a comprar los bizcochos y alistar los recados que siempre llevaba, sus ropas, su alforja, etc.

Cuando ya iba a partir, faltaban las llaves de su casa de Pampas Grande.

Un tanto mortificado, buscó sus llaves:

— ¡Canastos! Me estoy volviendo olvidadizo… yo ya tenía las llaves en la mano.

Entonces su hijo Alex le sugirió:

—Papá, tranquilízate y haz una reconstrucción por dónde has andado y así las vas encontrar.

—Está bien, está bien.

Cogió una sarta de llaves y empezó a recorrer sus pasos. De pronto se dio cuenta de que había perdido el nuevo manojo de llaves. ¿Dónde? Solo Dios lo sabe.

Mi hermano le dijo, todos se rieron: "¡papá, haz hecho la reconstrucción perfecta!", exclamaron.

DON NOVATO CANO

Uno de sus amigos del alma era Don Novato Cano, un ilustre educador de Pampas y el Director de la Escuela de Varones 335.

Un día don Novato viajó a conocer Machu Picchu-Cuzco. Como don Novato era alto, blanco, corpulento y guapo, lo confundieron con un "gringo" y le preguntaron: "Do you speak English?". Obviamente, él no entendió nada pues solo sabía español y quechua, pero no se quedó atrás y de inmediato le respondió en quechua: "Cam no, noca pizentiendichu" (como tú, yo tampoco entiendo nada). Entonces el americano se quedó desconcertado, pensando que le había contestado un turista ruso en su idioma.

En ese tiempo, había rivalidad entre EEUU y Rusia.

Don Alejandro contaba jocosamente esta anécdota de su entrañable amigo, sobre cómo don Novato había "mantscasido" o asustado a un turista norteamericano.

CHOQUE DE SU CAMIONETA

Un día me prestó su camioneta marca "Mazda" color azul. Yo era joven, pero ya estaba casada. Y al salir del banco choqué su camioneta.

No miento, reconozco que la falta fue mía, pero los frenos estaban largos, frenaba y no se detenía. Me chocaron por la parte del chofer, a tal punto que yo no podía salir, porque la puerta quedó trabada.

Llegó mi papá y no me resondró en absoluto, nada de "¡mujeres tenían que ser!", nada de "y ahora, ¿quién va a pagar la reparación?" Nada de eso. Al contrario, me dijo:

—¿Cómo estás, hija?

—Bien papá —respondí.

—¡Ah, Julia Josefina! ja, ja, ja... No pasó nada, hija lo importante es que tú estás bien. Continúa manejando.

BUSCANDO TRABAJO

Marcela terminó con gran éxito sus estudios universitarios en la Universidad Mayor de San Marcos, graduándose simultáneamente en Biología y Educación. Mas, paradójicamente, no encontraba trabajo en Lima por falta de "vara". Don Alejandro, al verla preocupada, le dijo un día:

"Hija, anda a Pampas Grande a trabajar allí. Todos mis familiares son autoridades. Fácil vas encontrar trabajo". Pero Marcela contestó:

"No, papá, en Pampas Grande ni siquiera se puede caminar con tacos: todo es accidentado, con huecos, con subidas y bajadas". Y él le respondió:

"No importa, hija, ya le diremos a Mamerto que te traslade con una carretilla." Todos rieron de su ocurrencia.

ANÉCDOTA DE DON GERMÁN EN EL AVIÓN

Su cuñado don Germán, quien toda su vida ha vivido en Pampas Grande visitó New Jersey, estaba satisfecho de haber visitado por primera vez a sus hijos en USA y de haber conocido New York. Todo le había parecido maravilloso, pero el invierno le pareció más crudo que el de Pampas.

Cuando retornaba de New Jersey acompañado de su nieto Edgar, salió de la casa muy arropado, con chalina, gorro, abrigo, mismo Papá Noel. Ya dentro del avión, Edgar se percató de que su abuelo estaba sudando por el aire acondicionado que había dentro del avión, por eso le prendió el aire de su asiento y le dijo: "abuelo, estas sudando: desabrígate". Don Germán contestó: "sí, hijo, tienes razón. Felizmente alguien ya abrió las ventanas del avión: ya estoy sintiendo airecito".

ANÉCDOTA DE SU SOBRINO "ACHISITO"

A su sobrino Diómedes, un joven gringo, risueño y de ojos verdes le decían "Achisito". Un día, Achisito con un amigo blancón igual que él retornaban de Huaraz a Pampas, pero a mitad de camino se les acabó el dinero. Como tenían hambre se las ingeniaron y fingieron ser turistas americanos en un pueblo vecino llamado Pira.

Achisito ensayó a su amigo y le dijo:

—"Yo solo hablaré, tú estate callado".

Como era de noche, sagazmente fueron a la Comisaria de Pira y les dijeron a los encargados:

—"Nosotros no hablar spanish, solo english. Nosotros ir Pampas Grande", todo con un acento americano.

Y con señas, le dieron a entender que tenían hambre y sueño.

—"Nosotros tener hambre", mientras movían sus manos hacía sus bocas.

—"Tener sueño", mientras hacían reposar su cabeza en sus manos.

—"Ayudar please", mientras juntaban sus manos como rezando.

Lo policías provincianos crédulos dijeron:

—"Pobrecitos, estos turistas se han perdido".

De inmediato, los ayudaron, les prepararon una buena cena y una buena cama.

Al día siguiente, muy temprano, llegó el Comisario de Pira a pasar revista de las ocurrencias. Y le informaron sobre los supuestos turistas americanos que viajaban a Pampas y él quiso conocerlos porque también era pampasino. Tenía mucha curiosidad.

Grande fue su sorpresa al encontrar que eran turistas impostores. Los castigó haciéndoles barrer la Plaza de Armas de Pira para que no vuelvan a mentir.

APARTADO FOTOGRÁFICO

Hermosas flores de Pampas Grande, llamadas Sutoc Marías.

Extensos terrenos, propiedad de don Alejandro en Pampas Grande.

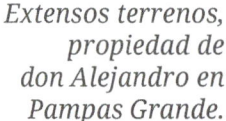

Don Alejandro y doña Fortunata rodeada de sus hijos.

Pedro Espinoza, su hija Elena, su sobrina Elena Valenzuela, Manuel y André Ríos, sus hijos César, Julia y David.

Comitiva de estudiantes y profesores de RGHA (EE.UU.) quienes viajaron a Pampas a hacer labor social a través de la ONG PAN PERÚ, y se hospedaron en la casa que construyó don Alejandro.

Don Alejandro y su hija Julia en San Francisco. A la izquierda: frente al Golden Gate. A la derecha: en los tranvías de la ciudad.

Don Alejandro con sus primos Guillermo y Manuel Castillo.

Don Alejandro junto a su sobrina Conie, sus primos Juan, Felicita y Edelmira.

Don Alejandro con sus primos Adolfo Fournier y Guillermo Castillo.

Don Alejandro, sus hijos Elena, Bernabé, su nuera Rosa, sus hijos Ángel, Alejandro, Marcela, David, su esposa doña Fortunata, su nieta Carolina, sus hijos Edith, César, Carlos y Julia.

Sus hijos César y David junto a su querida esposa doña Fortunata en Alemania.

Paseos Familares con su esposa, hijos, nietos y sobrinos.

Su yerno Pedro, sus hijos David y Julia, su nieta Laura, su nuera Doris, sus nietos Karina, Dianna, Pedro David, Antonio y Orlando en Londres.

Sus sobrinos, hijos de su hermana Antonieta, Elena Eduardo y Bety Valenzuela junto a su hija julia.

JULIA ARDILES DE ESPINOZA

Su hija Julia junto a su familia nuclear.

Sus nietos Paola, Pedro David y Claudia junto a su hijo César.

Sus hijos Carlos y Julia.

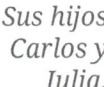

Su primo Manuel Castillo con su hija Julia.

Su hijo Alejandro, su nuera Elva Carrascal, sus nietos Marco Enrique, Zintya, Pedro David, su yerno Randolfo Flores, su hija Elena y su nieta Andrea.

Uno de sus sobrinos más allegado y querido, Reynaldo Trinidad Ardiles.

Sus hijas mujeres: Marcela, Julia, Edith y Elena.

Su nieto Christian Daniel, su hijo Bernabé, sus nueras Susana y Elva, su hijo Alex su nieta Carolina, sus hijas Julia y Edith y sus nietos Beremiz y Marco Enrique.

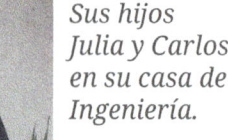

Su hija Edith en Estados Unidos.

Sus hijos Julia y Carlos en su casa de Ingeniería.

Sus diez hijos junto a su esposa doña Fortunata.

Don alejandro, sus hijos Carlos, Edith, su yerno Jehiel Aguilar, su hija Julia y sus esposa doña Fortunata.

Sus hijos varones: Ángel, Alex, Bernabé, David, César y Carlos.

Don Alejandro jugando fútbol con sus hijos.

Su hija Julia con gran amor a su tierra como su papá Alejandro.

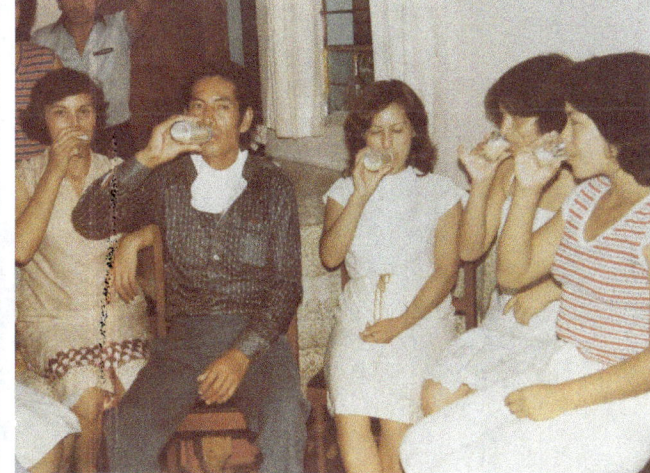

Sus sobrinos Clementina Ardiles, Guido Yauri, Judith Aguilar y sus hijas Julia y Edith.

Su hija Elena, Cesario Trinidad esposo de su prima Lidia, su sobrina Katia, su hija Marcela y su yerno Jacobo Chalco.

Sus nietos Pedro David, Anthony y Karina, su Yerno Jehiel Aguilar, sus hijas Edith y Julia.

Don Alejandro, sus sobrinas Bety, Daysi, Dani y Rosa.

Su sobrina Susan Fiorita, don Porfirio, su hermana Antonieta, Robert Fiorito en Nueva York

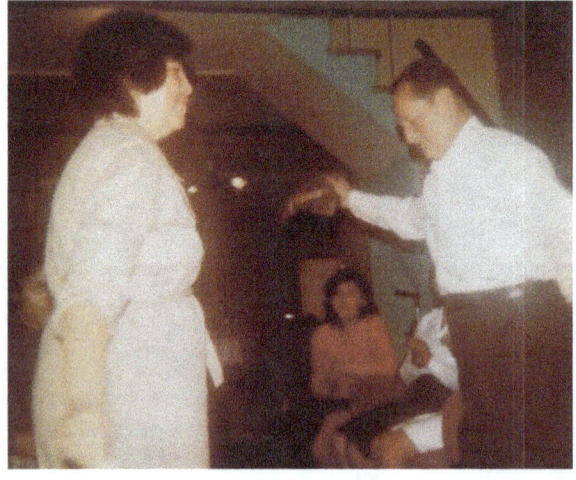

Su querida hermana Antonieta y su esposo don Porfirio en pleno baile.

Su hermana Atonieta y don Porfirio.

Su hermana Antonieta y don Porfirio en Estados Unidos.

Julia Ardiles de Espinoza
De convicción Cristiana. Ingeniera Industrial de la Universidad Nacional Mayor de San Marcos. Fundadora de "Ferretería Ardiles" y de la ONG PAN PERÚ - Asociación Cultural Para Ayudar a la Niñez. También es Co-fundadora de Autoespar S.A. Concesionario autorizado de Toyota del Perú, y de Grifos Espinoza S.A., dealer de Primax del Perú, y Directora Ejecutiva del Grupo Empresarial Espinoza. Autora del libro de cuentos "El Tío Conejo".

www.ingramcontent.com/pod-product-compliance
Lightning Source LLC
Chambersburg PA
CBHW082243300426
44110CB00036B/2398